*As Contribuições Previdenciárias
na Justiça do Trabalho*

1ª edição — Junho, 2011
2ª edição — Junho, 2012
3ª edição — Junho, 2017

IVAN KERTZMAN

Auditor-Fiscal da Receita Federal do Brasil.
Mestre em Direito Público da Universidade Federal da Bahia — UFBA.
Bacharel em Direito pela Universidade Católica de Salvador.
Administrador de Empresas pela Universidade Federal da Bahia — UFBA.
Pós-Graduado em Finanças Empresariais pela USP.
Professor Coordenador da Especialização em Direito
Previdenciário do Juspodivm — Salvador/BA.
Professor Coordenador da Especialização em Direito Previdenciário
do CICLO — Renovando Conhecimento — Aracaju/SE.
Professor de Direito Previdenciário de Cursos Preparatórios
para Concursos Públicos e de Cursos de Especialização.

As Contribuições Previdenciárias na Justiça do Trabalho

3ª edição

LTr EDITORA LTDA.

© Todos os direitos reservados

Rua Jaguaribe, 571
CEP 01224-003
São Paulo, SP — Brasil
Fone (11) 2167-1101
www.ltr.com.br
Junho, 2017

Produção Gráfica e Editoração Eletrônica: RLUX
Projeto de capa: FABIO GIGLIO
Impressão: GRAPHIUM EDITORA LTDA

Versão impressa — LTr 5817.6 — ISBN 978-85-361-9249-9
Versão digital — LTr 9172.6 — ISBN 978-85-361-9297-0

Dados Internacionais de Catalogação na Publicação (CIP)
(Câmara Brasileira do Livro, SP, Brasil)

Kertzman, Ivan
  As contribuições previdenciárias na justiça do trabalho / Ivan Kertzman. — 3. ed. — São Paulo : LTr, 2017.

  Bibliografia.

  1. Contribuições previdenciárias — Brasil
  2. Direito previdenciário — Brasil I. Título.

17-04031   CDU-34:368.4:368.025.1(81)

Índice para catálogo sistemático:

1. Brasil : Contribuintes individuais :
   Obrigações previdenciárias : Direito
   previdenciário   34:368.4:368.025.1(81)
2. Brasil : Obrigações previdenciárias :
   Contribuintes individuais: Direito
   previdenciário   34:368.4:368.025.1(81)

Dedico esta obra à minha linda e numerosa família.

À minha esposa Mariana pelo apoio incondicional e incentivo e, sobretudo, pelo amor.

Aos meus filhos, Diego de 5 anos, Leo de 3 anos, Taís de 1 ano e Caio, mais novo membro de nossa trupe, recém-chegado, que vem encerrar com chave de ouro a nossa prole.

Aos irmãos, Yuri, Anne, Lara, Nina e Marcus, pela sempre fiel torcida.

Aos meus pais, Miguel e Natália, pelos ensinamentos de toda uma vida.

Aos meus sogros, Juarez e Elaine, por terem contribuído para a minha inserção no meio jurídico.

Aos cunhados, Juarez e Marcelo, e às cunhadas, Kassandra e Mariana, por participarem da nossa convivência familiar.

A família é que move cada um dos meus passos e que me motiva a continuar trilhando o infinito caminho em busca do conhecimento.

Sumário

Introdução 9

1. A contribuição social previdenciária 13
   1.1. Natureza jurídica da contribuição social 13
   1.2. Localização da contribuição previdenciária no sistema jurídico brasileiro 21
   1.3. Sujeitos da relação jurídica de tributação previdenciária 24
   1.4. Fato gerador da contribuição previdenciária 25
   1.5. Base de cálculo da contribuição previdenciária 37
        1.5.1. Educação dos empregados 41
        1.5.2. Despesas médicas 42
        1.5.3. Previdência complementar 44
        1.5.4. Alimentação do Trabalhador 44
        1.5.5. Seguro de vida 46

2. Procedimento de execução das contribuições previdenciárias na justiça do trabalho 48

3. Polêmicas acerca da execução das contribuições previdenciárias .. 51
   3.1. Introdução 51
   3.2. Contribuições decorrentes de sentenças de reconhecimento de relação de trabalho 51
   3.3. Incidência de juros 55
   3.4. Decadência das contribuições previdenciárias — ocorrência no processo do trabalho 58
   3.5. Incompetência para execução das contribuições de terceiros 65

3.6. Execução das contribuições dos segurados 70

3.7. Execução das contribuições decorrentes dos acordos homologados na justiça do trabalho.. 72

4. Alíquota, base de cálculo previdenciária e outras situações diferenciadas na execução 79

4.1. Aviso-prévio indenizado 79

4.2. Contribuições substitutivas da parte patronal 86

4.3. Empresas optantes pelo simples 87

4.4. Entidades imunes ou isentas 88

4.5. Fator Acidentário de Prevenção 89

4.6. Desonerações Setoriais da Folha de Pagamento Promovidas pela Lei n. 12.526/11 92

4.7. Contribuintes individuais 94

4.8. Condutor autônomo de veículo rodoviário 95

4.9. Cooperativas de trabalho 96

4.10. Alíquota diferenciada — aposentadoria especial 99

4.11. Situações especiais de execução em caso de litisconsorte passivo 101

4.12. Restituição de contribuições executadas indevidamente e repetição de indébito 103

5. Reconhecimento do tempo de contribuição decorrente de processos trabalhistas 105

5.1. Panorama 105

5.2. Normas Administrativas 109

5.3. A GFIP 111

5.4. A entrega da GFIP nas reclamações trabalhistas como elemento facilitador da contagem de tempo de contribuição 114

Referências Bibliográficas 117

Introdução

No início da década de 1990, com a expansão da filosofia neoliberal, a Justiça do Trabalho passou a conviver com uma série de questionamentos acerca de sua finalidade e utilidade para o Estado Brasileiro.

Nessa época, uma forte corrente pregava a extinção desta justiça especializada, julgando que ela contribuía para a insegurança das relações comerciais e, consequentemente, obstava os investimentos empresariais.

No auge do período do neoliberalismo brasileiro (década de 1990), a Previdência Social teve a sua imagem denegrida. A filosofia neoliberal, seguindo a orientação internacional, apontava para a necessidade de privatizar as previdências sociais dos países da America Latina.

Os norte-americanos, comandantes da política econômica mundial, desejavam exportar o seu modelo de previdência sustentada por fundos privados, acreditando não ser papel do Estado gerenciar qualquer tipo de seguro social.

Vários países sul-americanos seguiram a determinação internacional, privatizando as suas previdências. Assim ocorreu com o Chile, a Argentina, o Uruguai, entre outros.

Vivendo esse contexto histórico, surgiu o Projeto de Emenda Constitucional que resultou na aprovação da EC n. 20, de 1988.

Felizmente, a sociedade brasileira não aceitou as ideias de privatização da Previdência e de extinção da Justiça do Trabalho. A primeira foi fortemente ajustada, com a finalidade de diminuir um suposto déficit. Já a segunda, saiu bastante fortalecida do processo de discussão, exterminando-se a ideia da sua extinção.

Como reflexo residual da tentativa de privatizar a previdência social brasileira, a Emenda Constitucional n. 20/1998 acrescentou o § 10 ao art. 201 da Carta Magna, com a seguinte redação: "Lei disciplinará a cobertura do risco de acidente do trabalho, a ser atendida **concorrentemente pelo regime geral de previdência social e pelo setor privado**"(grifo nosso).

Foi a tentativa de privatização do Seguro de Acidente de Trabalho, atendendo aos interesses de grandes grupos econômicos, que clamavam por adentrar no "negócio" da cobertura de benefícios acidentários.

Ressalta-se que, apesar de prevista a possibilidade na Constituição Federal desde dezembro de 1998, a privatização do Seguro de Acidente de Trabalho — SAT não chegou a ser efetivada, por falta de regulamentação.

A Emenda Constitucional n. 20/98 trouxe, também, a obrigatoriedade de execução das contribuições previdenciárias, de ofício, pela Justiça do Trabalho, tema para o qual direcionaremos o estudo desta obra. Esta discutida e polêmica mudança, sem dúvida, ajudou a engordar os cofres previdenciários, ao mesmo tempo em que fortaleceu a justiça especializada, a qual passou a funcionar como verdadeiro agente estatal de arrecadação tributária.

De 2013 a 2015, a arrecadação previdenciária oriunda da execução de ofício das contribuições previdenciárias se manteve estável em 2,5 bilhão de reais por ano[1], mesmo com a crise econômica vivida pelo Brasil.

Os que questionavam a utilidade da Justiça do Trabalho deixaram de fazê-lo por este nada nobre motivo. Obviamente, a função da Justiça Trabalhista extrapola — e muito — a arrecadação tributária, objetivando, precipuamente, para alguns a estabilidade das relações laborais ou, para outros, a proteção ao trabalhador.

Com a execução das contribuições previdenciárias decorrentes das sentenças proferidas pelos Juízes do Trabalho, nova sistemática introduzida pela EC n. 20/98, ficou evidente a opção do legislador constituinte derivado de transformar a Justiça do Trabalho em um órgão com forte potencial arrecadatório.

Observa-se que, mesmo antes da citada Emenda Constitucional, houve uma tentativa, no plano infraconstitucional, de se obrigar a proceder à execução das contribuições previdenciárias decorrentes de suas sentenças. É que a Lei n. 8.620/93, que alterou a redação do art. 43, da Lei n. 8.212/91, impôs aos juízes laborais tal obrigação, dispondo que, "nas ações trabalhistas de que resultar o pagamento de direitos sujeitos à incidência de contribuição previdenciária, o juiz, sob pena de responsabilidade, determinará o imediato recolhimento das importâncias devidas à Seguridade Social".

Observa-se que, mesmo com o "tom" ameaçador do dispositivo, que tentava impor uma pena de responsabilidade aos juízes que se recusassem

---

(1) Número extraído do Anuário Estatístico da Previdência Social 2015 — AEPS, pelo site do INSS (<www.inss.gov.br>), no link "estatísticas". Acesso em 05. abr. 2017.

a cumprir o comando, tal norma quase nunca era aplicada, não se tendo notícia de qualquer magistrado que tenha sofrido algum tipo de sanção por entender que esta alteração legislativa feria a distribuição constitucional de competência.

O fato é que, com a Emenda Constitucional n. 20/98 e seus inúmeros reflexos pragmáticos para a justiça especializada, a execução das contribuições previdenciárias foi acatada pela unanimidade dos magistrados. No início, é verdade, muito se discutiu acerca da inconstitucionalidade da Emenda Constitucional, mas qualquer debate neste sentido está completamente superado.

Nesse contexto, o objetivo desta obra não é nem discutir, nem analisar a evolução histórica de dispositivos e nem debater as questões já superadas e aceitas pelo senso comum. Partimos do pressuposto de que, para a efetivação da evolução doutrinária, é necessário apoiar-se em certas premissas construídas por debates pretéritos que chegaram a conclusões amplamente aceitas pelos especialistas.

Propomos, neste escrito, uma abordagem prática sobre as inúmeras discussões que ainda não estão pacificadas pela jurisprudência ou pela doutrina. Abstemo-nos, de tratar, detalhadamente, de questões meramente procedimentais ou de rotina, as quais uma simples leitura do texto legal pode responder.

Assim, partimos do senso comum de que os Juízes do Trabalho devem executar as contribuições previdenciárias decorrentes, de suas decisões.

Não se pode deixar de registrar que a Emenda Constitucional n. 20/98 foi o primeiro passo para a, hoje tão falada, ampliação de competência da Justiça do Trabalho, que passou a ser vista com olhos bem menos críticos pelos órgãos que compõem a estrutura dos três Poderes.

A força da Justiça do Trabalho se revelou com a edição da Emenda Constitucional n. 45/2004, que ampliou, ainda mais, a competência desta Instituição, passando a se manifestar sobre quase todas as relações de trabalho e não mais apenas sobre as relações empregatícias, como ocorria antes da EC n. 45/2005.

Hoje, a interpretação que se faz dos dispositivos constitucionais de distribuição de competência são analisados, em regra, de maneira a privilegiar a ampliação laboral de atribuições.

Inúmeras propostas de Emenda Constitucional, que agregam ainda mais autoridade aos Juízes do Trabalho, tramitam no Congresso Nacional ou são discutidas pela doutrina. Como exemplo mais avançado, podemos citar a proposta que transfere à Justiça Laboral a competência para o julgamento das lides entre os segurados da Previdência Social contra o Instituto Nacional do Seguro Social.

Pois bem. Após quase 20 anos da data de publicação da Emenda Constitucional n. 20/98, período este em que a Justiça do Trabalho vem executando, de ofício, as contribuições previdenciárias decorrentes das sentenças que os seus magistrados proferem, muitas discussões ainda são travadas, estando muito longe de uma pacificação. Outras, é verdade, já foram pacificadas pela doutrina e pela jurisprudência.

Concluindo, ressaltamos novamente que o objetivo deste livro é, justamente, debater pontos controvertidos em matéria de execução deste tributo na esfera trabalhista, buscando contribuir com uma visão tributária e uma previdenciária para a futura pacificação das matérias aqui tratadas.

1
A Contribuição Social Previdenciária

Não é possível estudar a execução das contribuições previdenciárias na Justiça do Trabalho sem, prioritariamente, analisar o conceito de contribuição social, a sua natureza jurídica o os elementos da relação jurídica tributária.

Dessa forma, neste capítulo, tentaremos entender quais são os sujeitos e qual é o fato gerador da relação jurídica tributário-previdenciária, assim como forneceremos conceitos introdutórios sobre a base de cálculo e as alíquotas.

1.1. Natureza jurídica da contribuição social

O ponto de partida do nosso trabalho é localizar a contribuição previdenciária no sistema jurídico pátrio, com o objetivo de identificar o regime jurídico que lhe é aplicável.

No sistema jurídico brasileiro, a contribuição previdenciária é subespécie das contribuições especiais ou das contribuições sociais em sentido amplo, como preferem alguns. Mais especificamente, é uma das contribuições sociais para a seguridade social, cuja particularidade mais marcante é incidir sobre a remuneração que se destina a retribuir o trabalho — subordinado ou não — prestado, de forma onerosa, por uma pessoa física a outra pessoa física ou a uma pessoa jurídica.

Durante muito tempo, a doutrina discutiu a natureza jurídica da contribuição previdenciária e formulou uma série de teorias para embasar as suas conclusões.

Antônio Carlos de Oliveira sistematiza, de forma completa, as diversas teorias existentes acerca da natureza jurídica da contribuição previdenciária, expondo as seguintes teses[2]:

---

(2) LIVEIRA, Antônio Carlos de. *Direito do trabalho e previdência social* — Estudos. São Paulo: LTr, 1996. p. 133.

1) Teoria do prêmio de seguro.

2) Teoria do salário diferido.

3) Teoria do salário atual.

4) Teoria da exação *sui generis*.

5) Teoria fiscal/Teoria parafiscal.

Utilizaremos a classificação das teses elaborada pelo professor Antônio Carlos de Oliveira, como ponto de partida para a análise da natureza jurídica da contribuição previdenciária.

Assim, para alguns, a contribuição previdenciária seria um **prêmio de seguro,** à semelhança do instituto do Direito Civil, com a particularidade de ser um seguro social, de adesão compulsória e, em regra, independer da vontade do segurado, por ter como fonte reguladora a lei. Seria, então, um prêmio de seguro de direito público, ou, simplesmente, **prêmio de seguro público compulsório**, nomenclatura que consideramos mais adequada.

Os defensores desta tese alegam que o pagamento da contribuição previdenciária possui um caráter sinalagmático, sendo realizada como contrapartida de uma prestação aleatória, devida pela ocorrência do risco assegurado[3].

Esta tese demonstra a sua fragilidade, quando tentamos encaixar as contribuições previdenciárias patronais como prêmio de seguro público. Como sabido, a contribuição das empresas para a Previdência Social é justificada pela solidariedade social, já que os tomadores de serviço não têm direito a qualquer prestação como resultado das suas contribuições. Assim sendo, ao menos em relação às contribuições previdenciárias patronais, fica afastada a possibilidade de considerar a natureza jurídica do instituto em estudo como prêmio de seguro.

Mesmo em relação às contribuições dos segurados, não conseguimos enxergar qualquer sinalagma entre os valores vertidos pelos trabalhadores e os benefícios porventura obtidos.

Acreditar nesta correlação é o mesmo que negar a solidariedade do sistema previdenciário, que entendemos ser o pilar de sustentação da própria Previdência Social.

É negar também que o regime previdenciário é de repartição simples, ou seja, que as contribuições vertidas são destinadas a um único fundo, que deve ser repartido sempre em função da necessidade dos que fizeram os depósitos.

---

(3) *Ibidem*, p. 134.

Este regime se opõe ao regime de capitalização, em que os segurados depositam suas contribuições em contas individualizadas, que são sempre revertidas em favor dos depositantes. Os planos privados de previdência são regidos por esta máxima.

Perceba que o segurado pode contribuir por toda a sua vida laboral e não fazer jus a qualquer prestação, bastando, para tanto, que faleça antes da sua aposentadoria sem ter gozado de qualquer benefício anterior e sem deixar dependentes.

Por outro lado, é possível que o segurado que, no primeiro emprego, contribuiu por apenas um mês para a Previdência Social, ficando, em seguida, inválido, seja beneficiado com uma prestação até o final de sua vida, se não recuperar a capacidade para o trabalho.

Tais exemplos evidenciam a fraqueza de qualquer tese que se apoie no caráter sinalagmático das contribuições previdenciárias.

A segunda teoria defende que a contribuição previdenciária seria um salário **diferido ou um salário socialmente diferido**, ou seja, a referida contribuição teria natureza retributiva e nasceria, diretamente, do contrato de trabalho. Sob esta ótica, o tomador de serviço pagaria ao prestador — subordinado ou não — duas parcelas distintas. A primeira, para atender às necessidades atuais suas e dos seus familiares e dependentes. A segunda seria destinada diretamente ao órgão previdenciário com a finalidade de garantir a sua segurança futura.

Nessa ótica, o salário seria diferido por não ser pago imediata e diretamente ao empregado. E socialmente diferido, porque, uma vez arrecadados os recursos, estes são repassados com base no princípio da solidariedade social, para os que realmente necessitem das prestações previdenciárias, sem ter qualquer relação com o valor da cotização efetuada historicamente pelo trabalhador.

Os defensores dessa tese argumentam, ainda, que a contribuição do empregador tem como causa a celebração do contrato de trabalho, sendo uma obrigação contratual certa e periódica[4].

O professor Fábio Zambitte filia-se a esta corrente. Vejamos:

> Não se deve olvidar a corrente minoritária, defendida prioritariamente por alguns especialistas na área previdenciária, cujo entendimento é contrário ao simples enquadramento das contribuições sociais como tributo. Para tais estudiosos, e aqui se situa este autor, estas imposições securitárias teriam a natureza de salário so-

---

(4) *Ibidem*, p. 135.

cialmente diferido, a ser concedido ao trabalhador, em regra, por ocasião da aposentadoria[5].

Consideramos que a tese do salário socialmente diferido mostra-se defeituosa em relação a dois aspectos.

Primeiramente, em relação à contribuição dos empregadores, o argumento de que esta seria derivada de uma imposição contratual, por si só, já se demonstra frágil. Isso porque tal parcela jamais se constituiu como parte da contraprestação pelo serviço prestado, não sendo possível ser considerada parcela salarial imediata ou diferida, pois é obrigação de cunho tributário.

O segundo ponto, este, frise-se, o mais importante, é que não faz parte da essência do instituto "contribuição previdenciária" a obrigatoriedade de que o financiamento da Previdência Social seja oriundo de exações, cuja base de cálculo seja a remuneração do trabalhador. Nota-se que existem modelos de financiamento calcados em contribuições sobre outras bases, tais como o faturamento das empresas.

Observa-se, pois, que, para definir a natureza jurídica de determinado instituto, é necessário, de acordo com a amplamente divulgada teoria de Edmund Husserl, efetuar a redução eidética, ou seja, reduzir o instituto à sua essência[6]. Considerar que faz parte da essência da contribuição previdenciária a base de cálculo e o fato gerador atuais seria negar qualquer possibilidade de esta base ou de este fato gerador poder ser alterado sem desconfigurar o próprio instituto.

Entendemos que está na essência da contribuição previdenciária o fato de ela ser destinada ao financiamento da seguridade social e direcionada para custear os benefícios e serviços da Previdência Social, independentemente das hipóteses de incidência e das bases de cálculo eleitas para esta finalidade.

A terceira teoria apontada é a do **salário atual**, que considera a contribuição previdenciária como cotas de salário atual e não do salário diferido. Essa tese é defendida basicamente pela doutrina italiana[7], tendo sido pouco difundida entre os estudiosos no Brasil. Nela, o salário seria composto de duas cotas, sendo a primeira entregue ao trabalhador e a segunda entregue à Previdência Social.

---

(5) IBRAHIM, Fábio Zambitte. *Curso de direito previdenciário*. 15. ed. Rio de Janeiro: Impetus, 2010. p. 95.
(6) HUSSERL, Edmund. *Ideias para uma fenomenologia pura e para uma filosofia fenomenológica*. Aparecida: Ideias e Letras, 2006. p. 152. Tradução Márcio Suzuki. Título original: *Ideen zu einer reiner Phánomenologie und phánomenologischen Philosophie*.
(7) OLIVEIRA, Antônio Carlos de. *Direito do trabalho e previdência social* — Estudos. São Paulo: LTr, 1996. p. 135.

Percebe-se que essa tese é uma variável da teoria do salário socialmente diferido, dela diferenciando-se apenas pelo entendimento de que a cotização vertida para a Previdência Social é despendida pelo trabalhador no momento presente, apesar de as prestações cobertas pelo seguro previdenciário serem futuras.

As mesmas críticas efetuadas em relação à tese anteriormente exposta são aplicáveis à teoria do salário atual, devido à grande aproximação conceitual entre as duas classificações.

A quarta teoria é a dos que defendem que contribuição previdenciária seria uma **exação especial ou *sui generis***. Ela não seria prêmio de seguro, nem salário diferido e, não obstante seu caráter compulsório, não seria também tributo. Ela "juridicamente é uma exação não tributária"[8]. É o que entende o professor Wladimir Novaes Martinez.

Essa tese era bastante difundida durante a vigência da Constituição de 1967 e aceita por grandes nomes do Direito brasileiro, tal como Pontes de Miranda. É a tese que combatia a ideia de que a exação possui natureza tributária.

A teoria da exação *sui generes* perdeu muito a sua força com a promulgação da Constituição Federal de 1988, como veremos ao explicar a tese tributária. Poucos doutrinadores da área previdenciária, todavia, ainda mantêm-se firmes na defesa dessa tese, como o já citado professor Wladimir Novaes Martinez.

A teoria **fiscal ou tributária** é a corrente amplamente dominante e identifica a contribuição previdenciária como tributo, por entender que as suas características estão contidas no art. 3º do Código Tributário Nacional, que transcrevemos a seguir:

> Tributo é toda prestação pecuniária compulsória, em moeda ou cujo valor nela se possa exprimir, que não constitua sanção de ato ilícito, instituída em lei e cobrada mediante atividade administrativa plenamente vinculada.

Filiamo-nos a esta teoria, por entendermos que ela é a que melhor atende à essência da contribuição previdenciária, como demonstraremos no decorrer da exposição.

Com a simples leitura do art. 3º do Código Tributário Nacional, podemos perceber que a contribuição previdenciária atende a todos os requisitos ali exigidos para o enquadramento tributário. Vejamos:

---

(8) MARTINEZ, Wladimir Novaes. *Curso de direito previdenciário*: Tomo I: Noções de direito previdenciário. São Paulo: LTr, 1997. p. 272.

a) A contribuição previdenciária é uma prestação pecuniária compulsória — a contribuição dos trabalhadores é obrigatória e independe de qualquer formalização da prestação do serviço. A dos tomadores de serviço também é compulsória, uma vez incorrido o fato gerador.

b) Ela é arrecadada sempre em moeda ou cujo valor nela se possa exprimir — atualmente, a regra geral é a arrecadação em moeda corrente, mas, em determinadas situações, é permitida a modalidade de dação em pagamento.

c) A contribuição previdenciária não constitui sanção de ato ilícito — ela é arrecadada em função do trabalho e não busca sancionar qualquer conduta irregular.

d) O tributo previdenciário é instituído por lei — apesar de previsto na Constituição Federal, para a instituição da contribuição previdenciária, faz-se necessário edição de lei.

e) A contribuição previdenciária é cobrada mediante atividade administrativa plenamente vinculada — a estrutura para a cobrança das contribuições previdenciárias foi alvo de recentes e profundas alterações. Até 2004, este tributo era cobrado pela própria Autarquia Previdenciária (INSS), que mantinha em sua estrutura auditores-fiscais da Previdência Social. Com a MP 222/04, convertida na Lei n. 11.098/05, os citados auditores passaram a trabalhar vinculados diretamente à estrutura do Ministério da Previdência Social, na então criada Secretaria da Receita Previdenciária. Com a publicação da Lei n. 11.457/07, foi criada a Secretaria da Receita Federal do Brasil — SRFB, a partir da junção das Secretarias da Receita Federal e da Receita Previdenciária. Desta forma, atualmente, a cobrança das contribuições previdenciárias, assim como a dos demais tributos federais, é de competência da SRFB, órgão vinculado à estrutura do Ministério da Fazenda.

Dentro dessa corrente, há quem acredite que a contribuição previdenciária não é espécie tributária autônoma, possuindo a natureza ora de taxa, ora de imposto. Nessa linha, pensa Sacha Calmon, citado por Marcelo Leonardo Tavares:

> As contribuições sociais podem adequar-se à definição de imposto quando não corresponderem a uma contraprestação imediata para o sujeito passivo, como, por exemplo, a parcela da empresa sobre a folha de salários, desvinculada imediatamente da prestação, ou à taxa, quando vincular o contribuinte a um plexo de direitos sociais[9].

Alinhados ao nosso posicionamento, estão os que defendem que a contribuição previdenciária é uma espécie tributária autônoma e asseguram que ela possui especificidades próprias que a distinguem das demais espécies tributárias.

Salienta-se que, atualmente, prevalece a tese, tanto no campo doutrinário como no jurisprudencial, de que as contribuições para a Previdência são uma espécie tributária distinta das demais, enquadrando-se, perfeitamente, como já demonstrado, nos ditames do art. 3º do Código Tributário Nacional, por

---

(9) TAVARES, Marcelo Leonardo. *Direito previdenciário*. 3. ed., 2ª. tiragem. Rio de Janeiro: Lumen Juris, 2002. p. 3.

se tratar de uma prestação pecuniária compulsória, em moeda ou cujo valor nela se possa exprimir, que não constitui sanção de ato ilícito, instituída em lei e cobrada mediante atividade administrativa plenamente vinculada.

Eis o que pensam a respeito alguns tributaristas:

Américo Lacombe, citado por Susy Gomes Hoffmann, afirma:

> O regime jurídico tributário dessas contribuições não se discute mais. Ora, tudo aquilo que está sujeito ao regime jurídico tributário é tributo. Se vamos classificar as instituições pelo regime jurídico, e isto é o correto, a natureza de qualquer instituição é definida pelo regime jurídico ao qual eles estão submetidos, e, evidentemente, essas contribuições têm a natureza jurídica de tributos[10].

Geraldo Ataliba é assertivo: "A Constituição de 1988 resgatou a boa doutrina tradicional e restaurou a certeza quanto à inquestionabilidade do cunho tributário das contribuições (parafiscais ou não)"[11].

De fato, a Constituição de 1988, ao tratar das contribuições sociais no seu art. 149, integrante do capítulo do "Sistema Tributário Nacional", parece ter optado explicitamente pela corrente tributária, a qual defendemos.

Nesse sentido, Misabel Derzi, citado por José Eduardo Soares de Melo, é categórica ao afirmar:

> O art. 149 veio espancar definitivamente quaisquer dúvidas em torno da natureza tributária das contribuições, determinando de forma expressa e literal que se apliquem às contribuições os mais importantes princípios constitucionais tributários — da legalidade e da irretroatividade — além de todas as normas gerais de direito tributário[12].

Sobre o tema, o STF e o STJ, em suas decisões, têm entendido também que a contribuição especial não só tem natureza tributária, como se trata de uma espécie tributária autônoma, filiando-se, destarte, àqueles que, como nós, repita-se, defendem a quinta teoria anteriormente apontada. Vejamos algumas dessas decisões:

ADI 3105 / DF — DISTRITO FEDERAL. AÇÃO DIRETA DE INCONSTITUCIONALIDADE. Relator(a): Min. ELLEN GRACIE. Relator(a) p/ Acórdão: Min. CEZAR PELUSO. Publicação: DJ 18.02.2005. EMENTAS: 1. Inconstitucionalidade. Seguridade social. Servidor público. Vencimentos. Proventos de aposentadoria e pensões. Sujeição à incidência de contribuição previdenciária. Ofensa a direito adquirido no ato de aposentadoria. Não

---

(10) HOFFMANN, Susy Gomes. *As contribuições no sistema constitucional tributário*. Campinas: Copola, 1996. p. 31.
(11) ATALIBA, Geraldo. *Hipótese de incidência tributária*. 6. ed. São Paulo: Malheiros, 2000. p. 191.
(12) MELO, José Eduardo Soares de. *Contribuições sociais no sistema tributário*. São Paulo: Malheiros, 1993. p. 67.

ocorrência. Contribuição social. Exigência patrimonial de natureza tributária. Inexistência de norma de imunidade tributária absoluta. Emenda Constitucional n. 41/2003 (art. 4º, *caput*). Regra não retroativa. Incidência sobre fatos geradores ocorridos depois do início de sua vigência. Precedentes da Corte. Inteligência dos arts. 5º, XXXVI, 146, III, 149, 150, I e III, 194, 195, *caput*, II e § 6º, da CF, e art. 4º, *caput*, da EC n. 41/2003. No ordenamento jurídico vigente, não há norma, expressa nem sistemática, que atribua à condição jurídico-subjetiva da aposentadoria de servidor público o efeito de lhe gerar direito subjetivo como poder de subtrair *ad aeternum* a percepção dos respectivos proventos e pensões à incidência de lei tributária que, anterior ou ulterior, os submeta à incidência de contribuição previdencial. Noutras palavras, não há, em nosso ordenamento, nenhuma norma jurídica válida que, como efeito específico do fato jurídico da aposentadoria, lhe imunize os proventos e as pensões, de modo absoluto, à tributação de ordem constitucional, qualquer que seja a modalidade do tributo eleito, donde não haver, a respeito, direito adquirido com o aposentamento. 2. Inconstitucionalidade. Ação direta. Seguridade social. Servidor público. Vencimentos. Proventos de aposentadoria e pensões. Sujeição à incidência de contribuição previdenciária, por força de Emenda Constitucional. Ofensa a outros direitos e garantias individuais. Não ocorrência. Contribuição social. Exigência patrimonial de natureza tributária. Inexistência de norma de imunidade tributária absoluta.

REsp 550505/PE. MIN. ELIANA CALMON. 09.12.2003. ADMINISTRATIVO — RECURSO ADMINISTRATIVO — DEPÓSITO PRÉVIO. 1. O malsinado depósito prévio no valor de 30% (trinta por cento) da exigência fiscal para recorrer administrativamente sofreu temperança, com a admissibilidade da substituição pelo arrolamento de bens e direitos de valor equivalente. 2. A opção foi inserida no Decreto 70.235, de 6.3.72 pela Lei n. 10.522/2002, diplomas direcionados aos débitos para com a União. 3. Os débitos previdenciários, embora de natureza tributária, têm regência própria, Decreto n. 3.048/99, recentemente alterado pelo Decreto n. 4.862/2003 para manter a exigência do depósito prévio. 4. Recurso especial improvido.

A vertente **parafiscal** é defendida por aqueles que fazem distinção entre tributos fiscais e tributos parafiscais. Assim, os tributos fiscais visariam apenas à arrecadação de tributos para os cofres públicos, enquanto os parafiscais buscariam recursos para financiar determinados gastos que não são próprios da administração central do Estado.

Concordamos com a natureza parafiscal da contribuição previdenciária, vez que ela se presta a financiar os pagamentos de prestações previdenciárias destinadas aos trabalhadores em situação de risco social. Discordamos, todavia, que isso consista na essência da exação, sendo apenas uma das diversas características deste tributo.

Por fim, trazemos, ainda, a discussão, pouco explorada pela doutrina previdenciária, sobre a natureza jurídica da contribuição do segurado facultativo. Teria ela natureza tributária, igualmente às demais contribuições previdenciárias? Ou teria natureza de prêmio de **seguro público facultativo ou seguro social**, já que o ingresso deste segurado no sistema é realizado a partir de um ato volitivo? Esta facultatividade do ingresso tornaria a contribuição previdenciária não compulsória?

De acordo com o art. 3º, do CTN,

tributo é toda prestação pecuniária compulsória, em moeda ou cujo valor nela se possa exprimir, que não constitua sanção de ato ilícito, instituída em lei e cobrada mediante atividade administrativa plenamente vinculada.

Obviamente, como a contribuição do segurado facultativo não tem caráter compulsório, ela não se enquadra na definição de tributo, restando apenas classificá-la como prêmio de seguro social.

Observa-se que todas as outras teorias são incapazes de explicar a contribuição do segurado facultativo. Salário socialmente diferido ou salário atual é também incompatível, pois não há qualquer espécie de prestação de serviço na relação previdenciária do segurado facultativo. Nota-se que somente podem filiar-se facultativamente ao sistema previdenciário aqueles que não exerçam qualquer tipo de atividade remunerada, não havendo de se falar em salário.

Exação é, do mesmo modo, incompatível com a natureza jurídica da contribuição do segurado facultativo, pois este verte a sua cotização para a Previdência Social por liberalidade, desejando obter os frutos da proteção securitária. Isso demonstra, em nosso ponto de vista, a natureza de prêmio de seguro social.

1.2. Localização da contribuição previdenciária no sistema jurídico brasileiro

A partir dos arts. 149 e 149-A, da Constituição Federal de 1988, apontaremos a classificação que adotamos em relação às Contribuições Especiais (chamada também de parafiscais ou contribuições sociais em sentido amplo ou simplesmente de contribuições), a fim de apontarmos com precisão a exata localização, no sistema jurídico, da Contribuição Previdenciária, o nosso objeto de estudo.

Ao nosso sentir, a Constituição de 1988 elenca as diversas espécies de contribuições existentes em nosso sistema jurídico: no art. 149, originariamente, e, mais recentemente, também no art. 149-A, anunciou as Contribuições Especiais ou Contribuições Sociais em Sentido Amplo, quais sejam, a Contribuição Social em Sentido Estrito, a Contribuição de Intervenção no Domínio Econômico, a Contribuição de Interesse das Categorias Profissionais ou Econômicas e a Contribuição para o Custeio do Serviço de Iluminação Pública.

Em relação especificamente às Contribuições Sociais em Sentido Estrito que, em face da diversidade das suas finalidades, subdividem-se em Contribuições

Sociais Gerais, Contribuições Sociais para a Seguridade Social e Outras Contribuições para a Seguridade Social, optou o constituinte por estabelecer as linhas gerais de cada uma das subespécies em local, ao seu ver, mais apropriado do texto constitucional.

Nessa linha, tratou das Contribuições Sociais Gerais no art. 212, § 5º e no art. 240. No § 5º do art. 212, está prevista a instituição da contribuição salário-educação para o custeio do ensino fundamental público, a ser suportada e recolhida pelas empresas, na forma da lei. No art. 240, por seu turno, foram recepcionadas as contribuições compulsórias dos empregadores, exceto o doméstico, sobre a folha de salários, destinadas às entidades privadas de serviço social — os denominados serviços sociais autônomos — e de formação vinculadas ao sistema sindical, quais sejam, as contribuições para o SENAC, SESC, SENAI, SESI, INCRA, SENAR e correlatas, que, pelo jargão previdenciário, são, a exemplo da contribuição do salário-educação, denominadas de Contribuição para Terceiros. Essas contribuições, por força do art. 3º, da Lei n. 11.457/2007, são fiscalizadas, arrecadadas e cobradas pela Receita Federal do Brasil.

Ressalte-se que tem ganhado força na doutrina um entendimento diferente do que foi aqui exposto em relação às contribuições para o Sistema "S". Para alguns, apenas as contribuições para os sistemas sindicais de caráter geral, em que toda a sociedade tivesse proveito, seriam contribuições sociais em sentido estrito, enquanto as que fossem destinadas aos interesses de determinados grupos de trabalhadores estariam enquadradas como contribuições para o interesse das categorias profissionais ou econômicas.

Nessa visão, poucas contribuições para o Sistema "S" estariam enquadradas como contribuições sociais, como o INCRA e o SEBRAE, entidades que prestam serviços de interesse geral. Outras, como o SESI, SENAT e SENAR, prestam serviços, exclusivamente, a determinadas categorias profissionais (industriais, transportadores e rurais, respectivamente), sendo tais contribuições classificadas como de interesse de categorias profissionais ou econômicas.

Apesar de fazer total sentido a construção aqui exposta, entendemos que esta não é a que traz a melhor interpretação do sistema constitucional tributário. Isso porque o art. 240 da Constituição Federal de 1988 dispõe:

> Ficam ressalvadas do disposto no art. 195 as atuais contribuições compulsórias dos empregadores sobre a folha de salários, destinadas às entidades privadas de serviço social e de formação profissional vinculadas ao sistema sindical.

Ora, analisando o texto do art. 240 da Constituição, podemos claramente identificar que o constituinte entendeu que as contribuições para o Sistema

"S" têm natureza de contribuição social, pois, se assim não fosse, não haveria qualquer necessidade de ressalvar tais contribuições do conteúdo do art. 195, da Constituição, o qual somente traz regras acerca das contribuições sociais.

As Contribuições Sociais para a Seguridade Social, por sua vez, foram, em sua maioria, elencadas no Capítulo II, do Título VIII, reservado ao Sistema de Seguridade. O texto constitucional, nos incisos do art. 195, prevê a possibilidade de as contribuições destinadas ao financiamento e ao custeio da seguridade social incidirem sobre a folha de salários e demais rendimentos do trabalho pagos ou creditados, a qualquer título, à pessoa física que lhe preste serviço, mesmo sem vínculo empregatício (contribuição previdenciária); sobre a receita ou o faturamento (Cofins); sobre o lucro (CSLL); sobre a receita de concursos de prognósticos (concursos de prognósticos) e sobre os bens e serviços provenientes do exterior (PIS--Importação e Cofins-Importação).

Nota-se que mais duas contribuições foram destinadas ao custeio da seguridade social, embora previstas fora do título destinado a esta.

A primeira é a contribuição PIS-PASEP, prevista no art. 239, vinculada, especificamente, ao financiamento do seguro desemprego e do abono anual, este pago aos empregados que percebam até dois salários mínimos mensais de empregadores que contribuam para o Programa de Integração Social ou para o Programa de Formação do Patrimônio do Servidor Público.

A segunda, atualmente extinta, é a Contribuição Provisória de Movimentação Financeira — CPMF, prevista nos arts. 74 e 75 dos Atos das Disposições Transitórias — ADCT, incidente sobre movimentação ou transmissão de valores e de créditos e direitos de natureza financeira, sendo o produto da sua arrecadação destinado para o Fundo Nacional de Saúde (0,20%), para a Previdência Social (0,10%) e para o Fundo de Combate e Erradicação da Pobreza (0,08%). Esta contribuição foi extinta em dezembro de 2007, uma vez que o Governo não conseguiu fazer aprovar no Congresso Nacional a Proposta de Emenda Constitucional que visava prorrogar a sua cobrança.

Por fim, preocupado em garantir a manutenção e a expansão da seguridade social rumo à plena universalidade da cobertura e do atendimento, o constituinte de 1988, no § 4º, do art. 195, autorizou a União, por intermédio da utilização de sua competência residual, a criar outras contribuições sociais para a seguridade social.

Eis esquematicamente a nossa classificação:

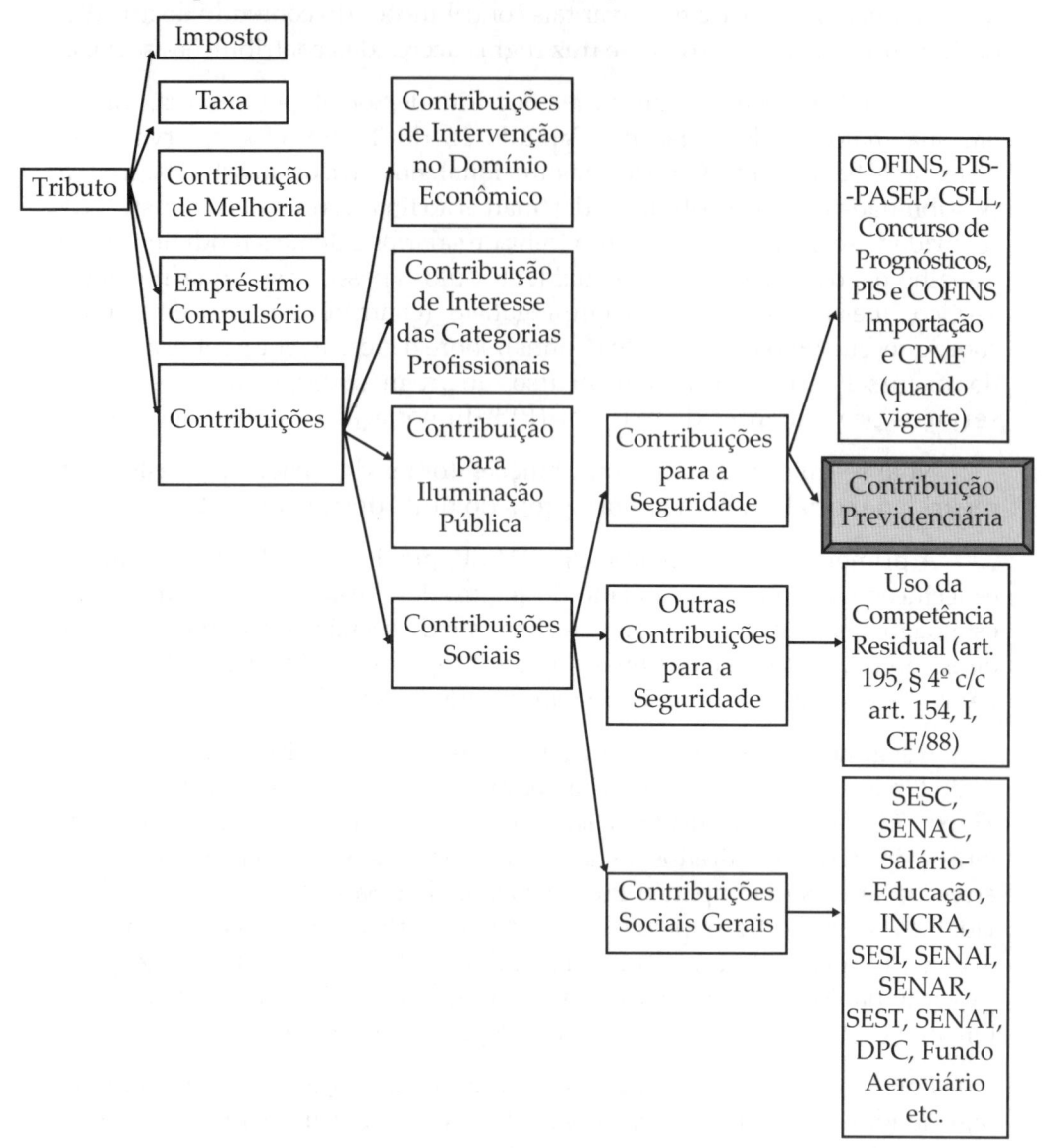

```
Tributo
├── Imposto
├── Taxa
├── Contribuição de Melhoria
├── Empréstimo Compulsório
└── Contribuições
    ├── Contribuições de Intervenção no Domínio Econômico
    ├── Contribuição de Interesse das Categorias Profissionais
    ├── Contribuição para Iluminação Pública
    └── Contribuições Sociais
        ├── Contribuições para a Seguridade
        │   ├── COFINS, PIS-PASEP, CSLL, Concurso de Prognósticos, PIS e COFINS Importação e CPMF (quando vigente)
        │   └── **Contribuição Previdenciária**
        ├── Outras Contribuições para a Seguridade → Uso da Competência Residual (art. 195, § 4º c/c art. 154, I, CF/88)
        └── Contribuições Sociais Gerais → SESC, SENAC, Salário-Educação, INCRA, SESI, SENAI, SENAR, SEST, SENAT, DPC, Fundo Aeroviário etc.
```

1.3. Sujeitos da relação jurídica de tributação previdenciária

Os critérios subjetivos dizem respeito aos sujeitos envolvidos na relação jurídico-tributária, também denominada de custeio.

De um lado, na qualidade de sujeito ativo, temos a União Federal, por força do art. 149 da Constituição Federal. A Administração Tributária é realizada pela Secretaria da Receita Federal do Brasil, que exerce o poder/

dever de exigir o cumprimento do objeto da relação jurídica, na hipótese, a contribuição previdenciária e seus acessórios.

Do outro lado, temos, na qualidade de sujeitos passivos, os segurados obrigatórios, os empregadores, inclusive os domésticos, as empresas — formalizadas ou não em pessoas jurídicas — e as entidades a elas equiparadas, que têm o dever de cumprir, na forma da legislação, o objeto da multicitada relação jurídica — recolher a contribuição previdenciária.

Assim, na qualidade de Administração Tributária, à Secretaria da Receita Federal do Brasil compete arrecadar, fiscalizar, lançar e normatizar o recolhimento das contribuições sociais previstas nos arts. 2º e 3º da Lei n. 11.457/2007, inclusive as contribuições instituídas a título de substituição, bem como as demais atribuições correlatas e consequentes, inclusive as relativas ao contencioso administrativo-fiscal, conforme disposto em regulamento.

Observa-se, no entanto, que a competência para representar a União, nas execuções de contribuições previdenciárias nos processos trabalhistas, é da Procuradoria-geral Federal, por força do art. 16, § 3º, II, da Lei n. 11.457/2007. Tal competência é exercida mediante delegação da Procuradoria-Geral da Fazenda Nacional.

Dessa forma, o magistrado trabalhista, ao determinar citações, intimações ou notificações da União na execução das contribuições previdenciárias, deve encaminhá-las à Procuradoria-Geral Federal.

1.4. *Fato gerador da contribuição previdenciária*

Conhecida a localização da contribuição previdenciária no sistema jurídico pátrio, a sua natureza jurídica, a sua classificação, além de outros aspectos ao derredor do tema, é fundamental para que possamos continuar a nossa investigação, conhecer o seu fato gerador.

A par de toda a polêmica doutrinária em torno da questão terminológica do termo "fato gerador", utilizaremos, em consonância com o CTN, a definição de que é "a situação definida em lei como necessária e suficiente à sua ocorrência".

De acordo com o art. 28, I, da Lei n. 8.212/91:

> entende-se por salário de contribuição para o empregado e trabalhador avulso a remuneração auferida em uma ou mais empresas, assim entendida a totalidade dos rendimentos **pagos, devidos ou creditados a qualquer título**, durante o mês, destinados a retribuir o trabalho, qualquer que seja a sua forma, inclusive as gorjetas, os ganhos habituais sob a forma de utilidades e os adiantamentos decorrentes de reajuste salarial, quer pelos serviços efetivamente prestados, quer pelo tempo à disposição do empregador ou tomador

de serviços nos termos da lei ou do contrato ou, ainda, de convenção ou acordo coletivo de trabalho ou sentença normativa. (grifo nosso).

Observa-se que a Lei previdenciária dispõe que a base de cálculo da contribuição previdenciária são os rendimentos pagos, devidos ou creditados. Assim, mesmo que a parcela não tenha sido efetivamente paga, estando ela devida, há a necessidade de recolhimento de contribuição previdenciária.

Isso equivale a dizer que o fato gerador da contribuição previdenciária ocorre com a prestação de serviço, momento no qual a remuneração passa a ser devida.

No passado, muito se discutiu se realmente o fato gerador das contribuições previdenciárias era o trabalho. Alguns defendiam que o fato gerador era o pagamento da remuneração do trabalhador. Assim, só seriam devidas as contribuições previdenciárias depois de efetuado o pagamento da remuneração. Esse entendimento levava, em nossa opinião, à absurda conclusão de que, se o empregador descumprisse a sua obrigação com o empregado, o Estado também estaria impedido de efetuar o lançamento da contribuição devida, pois não se teria aperfeiçoado o fato gerador da contribuição.

Com esse entendimento, o Direito Público ficava subordinado ao Direito Privado, vez que, se o trabalhador não exigisse o pagamento de sua remuneração, o Estado jamais poderia exigir o recolhimento do tributo.

Apesar de anos de discussão, o entendimento foi pacificado no sentido de que o fato gerador da contribuição previdenciária é a prestação de serviço e não o pagamento.

O art. 22, inciso I, da Lei n. 8.212/91 reforça ainda mais a ideia de que o fato gerador da obrigação previdenciária é a prestação de serviço, ao dispor que a contribuição a cargo da empresa para o financiamento da seguridade social é de 20% sobre o total das remunerações **pagas, devidas ou creditadas** a qualquer título, durante o mês, aos segurados empregados e aos trabalhadores avulsos que lhe prestem serviços, destinadas a retribuir o trabalho, qualquer que seja a sua forma, inclusive as gorjetas, os ganhos habituais sob a forma de utilidades e os adiantamentos decorrentes de reajuste salarial, quer pelos serviços efetivamente prestados, quer pelo tempo à disposição do empregador ou tomador de serviços, nos termos da lei ou do contrato ou, ainda, de convenção ou acordo coletivo de trabalho ou sentença normativa.

Ocorre que, com a edição da Emenda Constitucional n. 20/98 e a consequente obrigatoriedade de execução das contribuições previdenciárias na Justiça do Trabalho, as discussões renasceram.

É que muitos magistrados trabalhistas passaram a entender que o fato gerador da contribuição previdenciária é o pagamento ou a sentença. Na esfera da execução das contribuições na Justiça Laboral, a definição do fato gerador do tributo previdenciário gera uma série de implicações, que serão vistas no próximo capítulo.

O raciocínio que motiva certos juízes trabalhistas a entender que o fato gerador é o pagamento ou a sentença é, quase sempre, mais pragmático que teórico. Eles argumentam que, muitas vezes, da dívida de determinadas parcelas, o empregador só toma conhecimento com a leitura da sentença, não sendo possível exigir o cumprimento da obrigação previdenciária no ato da prestação do serviço.

Um exemplo apontado pelos que defendem essa tese é a condenação do empregador no pagamento de horas extras, provadas no processo por meio testemunhal. O magistrado que entende que o fato gerador é o pagamento argumenta que o empregador só toma conhecimento de que aquelas horas extras são devidas após a leitura da sentença.

Outro exemplo seria a condenação do empregador no pagamento de diferença salarial por conta de deferimento de pedido de equiparação salarial. Nesse caso, também, advoga-se que o empregador não tinha conhecimento prévio da situação.

Não concordamos, contudo, com esse tipo de raciocínio, por entendermos que toda sentença trabalhista condenatória tem uma alta carga de declaração. Em verdade, ao condenar a empresa no pagamento de horas extras (não interessando, obviamente, o meio de prova que convenceu o magistrado) ou na equiparação salarial, a sentença declara que, durante a relação laboral, houve labor extraordinário não pago pelo empregador ou que houve situação de trabalho em que o trabalhador deveria estar percebendo igual remuneração àquela auferida pelo paradigma.

Declarando a existência destas situações na sentença, nasce a ficção jurídica de que tais fatos declarados pelo juízo realmente ocorreram. Assim, tendo ocorrido, o empregador tinha ciência e deveria, por conseguinte, ter efetuado o recolhimento das contribuições previdenciárias.

Lembramos que o já citado art. 28, inciso I, da Lei n. 8.212/91 dispõe que a base de cálculo da contribuição previdenciária (salário de contribuição) para o empregado e trabalhador avulso é a remuneração auferida em uma ou mais empresas, assim entendida a totalidade dos rendimentos **pagos, devidos ou creditados a qualquer título**, durante o mês, destinados a retribuir o trabalho.

Se a própria lei definiu que a base de cálculo é o trabalho, ao utilizar a palavra "devido", o que leva alguns magistrados trabalhistas a entender que pode ser diferente?

É que o texto constitucional, ao falar da contribuição previdenciária patronal, no art. 195, I, dispõe que haverá contribuição do empregador sobre "a folha de salários e demais rendimentos do trabalho **pagos ou creditados**, a qualquer título, à pessoa física que lhe preste serviço, mesmo sem vínculo empregatício". (grifos nossos).

Alegam que os fatos geradores previstos na constituição foram, pois, os rendimentos pagos ou creditados, não constando a expressão "devidos" que aparece na Lei. Mas, o que, de fato, significa a expressão constitucional "creditados"?

Defendem alguns que essa expressão faz alusão ao crédito contábil. Com essa interpretação, que, ao nosso ver, não é compatível com o ordenamento jurídico vigente, só se aperfeiçoaria o fato gerador com o pagamento ou com a contabilização dos valores.

Observa-se que, pelas normas e princípios contábeis, todos os valores devidos devem ser contabilizados nas contas de passivo da empresa. Tratamos, aqui, do Princípio da Competência, pilar das regras de contabilidade, que pode ser enunciado, de acordo com o professor Braulindo Costa da Cruz, da seguinte forma: "As receitas e despesas devem ser incluídas na apuração do resultado do período em que ocorrerem, sempre simultaneamente quando se correlacionarem, independentemente de recebimento ou pagamento"[13].

Entender que a empresa, ao não efetuar a contabilização da dívida, faria que o fato gerador da contribuição previdenciária não nascesse; seria contemplar o infrator; seria dizer que é possível beneficiar-se com a própria torpeza; seria premiar o ato ilícito.

Assim, a única interpretação que consideramos plausível para a expressão "creditada" é de que ela se refere ao crédito jurídico, ou seja, ao direito subjetivo do credor prestador de serviço de receber os valores devidos como contraprestação do trabalho executado.

Dessa forma, quando o inciso I da Lei n. 8.212/91 acrescentou, em relação ao texto da Constituição, na definição da base de cálculo previdenciária, a palavra "devidos", ele não extrapolou os limites constitucionais, mas simplesmente regulamentou e explicou o conteúdo do dispositivo constitucional. Acreditamos, pois, que o inciso I, do art. 28 da Lei n. 8.212/91 deve ser interpretado conforme a Constituição.

Os professores Carlos Alberto Pereira de Castro e João Batista Lazzari trazem uma boa reflexão sobre o cotejo entre os textos constitucional e legal e sobre inclusão da palavra "devidos". Vejamos:

> Nota-se, pelo cotejo dos dispositivos constitucional e legal pertinentes, que a hipótese de incidência indicada na Constituição

---

(13) CRUZ, Braulindo Costa da. *Manual de contabilidade*. Salvador: JusPodivm, 2009.

(importância paga ou creditada) mereceu, na Lei de Custeio, a inserção de mais de um vocábulo (paga, *devida* ou creditada). Para alguns, tal inclusão seria inconstitucional, pois estar-se-ia estabelecendo nova hipótese, não contemplada no texto constitucional, por via de lei ordinária, vulnerando a exigência de lei complementar para tanto. Todavia, é nosso entendimento que a remuneração devida é a mesma que deve ser paga ou creditada ao segurado empregado, por se configurar em direito adquirido, tendo a norma legal apenas o condão de indicar que o fato imponível não se revela apenas no auferir remuneração, mas no fazer jus a ela, ainda que o empregador, violando a lei e o contrato de trabalho, deixe de remunerar corretamente o trabalhador, impedindo a invocação de que, não tendo o empregador feito qualquer pagamento de remuneração (como na hipótese de mora salarial), nenhuma contribuição seria devida, nem pelo mesmo, nem pelo segurado, em relação ao mês em que não houve pagamento. Ademais, tal raciocínio seria por demais prejudicial ao segurado, pois no cômputo do salário de benefício, haveria lacunas no seu tempo de contribuição, relativamente aos mesmos que não foi vertida contribuição, ou esta foi feita a menor, por infração à norma trabalhista, beneficiando, por conseguinte, o infrator da norma[14].

Na mesma linha, Célio Rodrigues da Cruz afirma que "a expressão **creditados**, que foi adotada no art. 195 da Constituição Federal de 1988, significa remuneração devida, uma vez que a aquisição do direito aos rendimentos do trabalho surge com a prestação do serviço, independentemente do registro contábil ou de efetivo pagamento"[15]. (grifos nossos).

Para reforçar ainda mais o entendimento de que o fato gerador da contribuição previdenciária é a efetiva prestação de serviço, trazemos à tona as palavras do professor Wladimir Novaes Martinez:

> Em princípio, aquela medida é a remuneração, mas não se tem estabelecida a quitação do valor ser o ato aperfeiçoador da obrigação fiscal. O pagamento, per se, não é geratriz do dever de contribuir. É, todavia, a situação mais comum, principalmente quando o contrato de trabalho flui naturalmente. Coincidem, então, o trabalho, o direito à remuneração e seu pagamento.

---

(14) CASTRO, Carlos Alberto Pereira de; LAZZARI, João Batista. *Manual de direito previdenciário*. 11. ed. rev. e atual. São José: Conceito, 2009. p. 256.
(15) CRUZ, Célio Rodrigues da. Execução das contribuições previdenciárias na justiça do trabalho. In: CHAVES, Luciano Athayde; STERN, Maria de Fátima Coêlho Borges; NOGUEIRA, Fabrício Nicolau dos Santos. (Orgs.) *Ampliação da competência da justiça do trabalho*. São Paulo: LTr, 2009. p. 95.

Essa histórica abstenção normativa deve-se à periodicidade institucional exacional evocada, cuidar-se de ônus de trato sucessivo institucionalizado há oito décadas a ser mensal, no mais comum dos casos.

Parte da contribuição, a do segurado, é descontada da remuneração auferida, e isso, usualmente, acontece quando do seu pagamento, sem, entretanto, isoladamente, o ato de desembolso da empresa definir a nuclearidade da hipótese de incidência.

Pode suceder de o obreiro, por variados motivos, jamais receber a remuneração devida (*v. g.*, deixar espontaneamente de fazê-lo, a empresa falir, renunciar em acordo trabalhista ou outra impossibilidade material ou formal). Exemplifica-se o raciocínio: se o empregador paga o valor abaixo do salário mínimo, para quem trabalha 220 horas por mês (a diferença, evidentemente, é seu direito inalienável), a incidência recairá sobre o salário mínimo, importância não necessariamente auferida ou contabilmente creditada, talvez nunca paga. A hipótese de incidência — direito à remuneração relativa ao esforço desenvolvido no mês de competência — realiza--se fundamentalmente, dispensando-se a quitação da retribuição. Basta-se o crédito, mesmo que não contabilizado, melhor dizendo, o direito, prescindindo-se da efetiva integração do montante no patrimônio do obreiro ao tempo da prestação de serviços. Mas, claro está, instaurado o dissídio quanto à sua validade, só após sua definição enunciativa, situando-se na época do trabalho[16].

Um exemplo que pode deixar clara a incompatibilidade entre o entendimento de que o fato gerador da contribuição previdenciária é o pagamento refere-se à empresa que deixa de pagar os últimos seis salários do seu empregado, e este vai buscar a satisfação do seu direito na Justiça Laboral. Antes de proferida a sentença, adentra a empresa um auditor-fiscal da Receita Federal do Brasil, com a missão de fiscalizar o correto cumprimento das obrigações previdenciárias. Detectando o auditor a dívida da empresa de seis meses de remuneração de seu empregado, deve ele cobrar as contribuições sobre estes valores, ressaltando-se que a dúvida sobre o fato gerador das contribuições previdenciárias é específica, apenas, aos processos trabalhistas.

Efetuada a cobrança do crédito, como o juiz trabalhista deve proceder no ato de execução das contribuições previdenciárias decorrentes de sua sentença? Obviamente, o juiz deve abster-se de executar as contribuições, vez que elas já foram exigidas pelo Fisco. Mas como, se o fato gerador somente

---

(16) MARTINEZ, Wladimir Novaes. *Manual de direito previdenciário.* Tomo II: Previdência Social. 2. ed. São Paulo: LTr, 2003. p. 232 e 233.

se aperfeiçoou depois de efetuado o pagamento no âmbito da Justiça do Trabalho? Percebe-se, neste exemplo, a falta de sustentação para a defesa de que o fato gerador é o pagamento.

Ainda mais grave é a incoerência que inevitavelmente ocorre na execução das contribuições previdenciária nas Varas em que o juiz entende que o fato gerador destas é o pagamento. Ora, quando o magistrado condena o reclamado no pagamento das parcelas devidas, o pagamento ainda não ocorreu, somente se materializando na fase de execução. Assim sendo, para manter-se coerente ao pensamento de que o pagamento é o fato gerador da obrigação previdenciária, primeiramente o juiz deveria executar o crédito do empregado e, uma vez obtido sucesso, iniciar a execução das contribuições previdenciárias. Neste caso, teríamos, absurdamente, duas execuções em um único processo, sendo a segunda totalmente dependente do sucesso da primeira.

Por esse motivo, alguns magistrados, inovando o ordenamento jurídico, alegam que o fato gerador da contribuição previdenciária é a sentença, podendo, assim, a execução ser iniciada a partir desse momento. Considerar que o fato gerador da contribuição previdenciária na esfera trabalhista é a sentença do juiz laboral é o mesmo que dizer que a contribuição executada na Justiça do Trabalho é espécie tributária distinta do tributo previdenciário cobrado pela atividade fiscal ou recolhido espontaneamente. Acreditamos que essa tese não encontra guarida no nosso ordenamento jurídico.

O professor Fábio Zambitte Ibrahim ratifica o entendimento de que o fato gerador é a prestação de serviço em uma passagem de sua obra:

> Por óbvio, não é o momento da decisão judicial, haja vista a inexistência em lei desta hipótese de incidência. O fato de a decisão judicial reconhecer o débito trabalhista não traz a obrigação previdenciária, pois esta surge desde o momento no qual a remuneração é devida, ou seja, na época de prestação do serviço (art. 22, Lei n. 8.212/91). A sentença meramente declara tais valores, daí, portanto, o momento da prestação de serviço ser aquele no qual surge o ônus da cotização securitária[17].

Do ponto de vista jurisprudencial, esse tema tem sido imensamente debatido. Como dissemos anteriormente, fora da Justiça Trabalhista, foi pacificado o entendimento de que o fato gerador da contribuição previdenciária é a efetiva prestação do serviço. Esse é o posicionamento já sedimentado no STJ, conforme se depreende do acórdão abaixo transcrito:

---

(17) IBRAHIM, Fábio Zambitte. *Curso de direito previdenciário*. 15. ed. rev. ampl. e atual. Niterói: Impetus. 2010. p. 762 e 763.

TRIBUTÁRIO. CONTRIBUIÇÃO PREVIDENCIÁRIA. ABONO-ASSIDUIDADE. FOLGAS NÃO GOZADAS. NÃO INCIDÊNCIA. PRAZO DE RECOLHIMENTO. MÊS SEGUINTE AO EFETIVAMENTE TRABALHADO. FATO GERADOR. RELAÇÃO LABORAL.

1. Não incide Contribuição Previdenciária sobre abono-assiduidade, folgas não gozadas e prêmio pecúnia por dispensa incentivada, dada a natureza indenizatória dessas verbas. Precedentes do STJ.

2. **A jurisprudência do STJ é firme no sentido de que as Contribuições Previdenciárias incidentes sobre remuneração dos empregados, em razão dos serviços prestados, devem ser recolhidas pelas empresas no mês seguinte ao efetivamente trabalhado, e não no mês subsequente ao pagamento.**

3. Recursos Especiais não providos.

(STJ, 2ª Turma, REsp 712185 / RS, Relator Herman Benjamim, unânime, julgado em 01.09.2009, DJe 08.09.2009) (grifo nosso)

Já em relação ao debate acerca do fato gerador da contribuição previdenciária no âmbito da Justiça do Trabalho, o tema se torna bastante polêmico. Isso nos faz refletir o quanto soa estranho o tema ter sido pacificado nas execuções fora da Justiça Laboral e ser alvo de grande debate no enfoque trabalhista. Será que existem duas contribuições previdenciárias? É possível entender que o fato gerador para a execução trabalhista é o pagamento, e para a execução na Justiça Federal é a prestação de serviço? Obviamente que não.

Para demonstrar a controvérsia acerca do tema no âmbito trabalhista, colacionamos duas recentes decisões contraditórias do Tribunal Superior do Trabalho. Vejamos:

Processo: RR — 3300-17.2009.5.02.0052 **Data de Julgamento:** 24.03.2010, **Relatora Ministra:** Dora Maria da Costa, 8ª Turma, **Data de Divulgação: DEJT** 30.03.2010.

(...) Por outro lado, importante ressaltar que o fato gerador da contribuição previdenciária nasce quando é **paga, creditada ou devida a remuneração destinada a retribuir o trabalho, nos exatos termos do art. 22, I, da Lei n. 8.212/91.**(...)

(...) Nesse sentido tem decidido o C. TST, *verbis*:

PROC. N. TST-RR-582/2001-041-24-40.2. ACÓRDÃO 3ª Turma COMPETÊNCIA MATERIAL DA JUSTIÇA DO TRABALHO CONTRIBUIÇÃO PREVIDENCIÁRIA — EXECUÇÃO *EX OFFICIO* LIDE PREVIDENCIÁRIA E LIDE TRABALHISTA — FATO GERADOR E BASE DE CÁLCULO ACORDO JUDICIAL — DECISÃO HOMOLOGATÓRIA RECONHECIMENTO DO VÍNCULO DE EMPREGO. 1. A competência da Justiça do Trabalho para executar as contribuições sociais sobre as sentenças que proferir limita-se às hipóteses em que for configurada a exequibilidade do tributo, ou seja, quando delineados todos os elementos para o cálculo do crédito previdenciário, a saber: sujeito ativo, sujeito passivo, fato gerador e base de cálculo. 2 — O sujeito ativo do crédito previdenciário será sempre o INSS, que exerce a atribuição constitucional de arrecadar a contribuição social, e o passivo, os integrantes da relação trabalhista. Sob essa perspectiva, ganha especial interesse para a fixação da competência da Justiça do Trabalho o exame do fato gerador e da base de cálculo das contribuições previdenciárias. 3 — **O fato gerador da obrigação de Contribuir para a Previdência Social origina-se quando é (i) paga, (ii)** creditada ou (iii) devida a remuneração destinada a retribuir o trabalho (art. 22, I, da Lei n. 8.212/91). Na hipótese da remuneração devida, o fato gerador da obrigação de contribuir para a Previdência Social nasce simultaneamente com o direito objetivo à percepção da remuneração. 4 — Com a celebração de acordo judicial ou extrajudicial, a obrigação decorrente do ajuste faz as vezes da obrigação trabalhista originária. Assim, o dever de o empregador adimplir o crédito trabalhista não mais deriva, de forma direta, da relação de trabalho originalmente vigente, mas, sim, do acordo celebrado com o empregado. Assim, a contribuição social deve ser calculada sobre o montante das parcelas remuneratórias acordadas, e, não, sobre a remuneração a que originalmente tinha jus o empregado. 5 — Quando proferida sentença declaratória que homologa acordo judicial, o fato gerador da contribuição previdenciária decorre do acordo celebrado entre as partes, e, não, propriamente, da sentença. Isso porque, nesse caso, a decisão judicial apenas ratifica os termos do ajuste, atestando sua legalidade e conferindo-lhe os efeitos da coisa julgada material, sem influir na substância das prestações acertadas. Essas prestações, assim como a contribuição social, passam a ser devidas a partir da celebração do acordo (...)".(grifo nosso)

Em sentido diametralmente oposto:

Processo: AIRR — 153940-48.2002.5.02.0029 **Data de Julgamento:** 02.09.2009, **Relatora Ministra:** Maria Doralice Novaes, 7ª Turma, **Data de Divulgação:** DEJT 11.09.2009.

Ementa:

CONTRIBUIÇÃO PREVIDENCIÁRIA — FATO GERADOR — PAGAMENTO DO CRÉDITO DEVIDO AO EMPREGADO — ÓBICE DA SÚMULA 333 DO TST. 1. **O fato gerador da contribuição previdenciária é o pagamento do crédito devido ao empregado e não a data da efetiva prestação dos serviços**, sendo que os juros e a multa moratória incidirão apenas a partir do dia dois do mês seguinte ao da liquidação da sentença, consoante jurisprudência consolidada desta Corte (TST--AIRR-333/2005-013-03-40.6, Rel. Min. Lelio Bentes Corrêa, 1ª Turma, DJ de 29.08.2008; TST-AIRR-3.569/1997-016-12-40.3, Rel. Min. Simpliciano Fernandes, 2ª Turma, DJ de 06.02.2009; TST-AIRR-782/2001-126-15-41.2, Rel. Min. Carlos Alberto, 3ª Turma, DJ de 13.02.2009; TST-RR-668/2006-114-15-40.4, Rel. Min. Maria de Assis Calsing, 4ª Turma, DJ de 20.02.2009; TST-RR-729/2002-022-03-40.1, Rel. Min. Emmanoel Pereira, 5ª Turma, DJ de 17.10.2008; TST-RR-11/2005-029-15-85.5, Rel. Min. Aloysio Corrêa da Veiga, 6ª Turma, DJ de 12.12.08; TST-AIRR-678/2006-114-15-40.0, Rel. Min. Caputo Bastos, 7ª Turma, DJ de 03.10.2008; TST-AIRR-1.404/2005-105-03-40.1, Rel. Min. Dora Maria da Costa, 8ª Turma, DJ de 28.11.2008), incidindo, portanto, sobre o apelo que sustenta tese contrária o óbice da Súmula 333 do TST. 2. Ademais, os dispositivos constitucionais apontados como malferidos na revista (arts. 5º, II, 37, 114, VIII, e 195, I, -a-, da CF, 22, 30, 34 e 35 da Lei n. 8.212/91) não disciplinam a matéria de forma específica, atraindo o óbice do art. 896, -c-, da CLT. **Agravo de instrumento desprovido.** (grifo nosso)

Curiosamente, em recente julgado do Recurso Extraordinário 569056, em que ficou decidido com reconhecimento de repercussão geral que a execução das contribuições previdenciárias no âmbito da Justiça do Trabalho deve-se resumir ao objeto da condenação (comentaremos esse assunto em capítulo próprio), o ministro Menezes Direito expressou, na fundamentação do seu voto, que o fato gerador da contribuição previdenciária é o crédito ou o pagamento, entendendo ser inconstitucional a fixação do fato gerador como sendo a prestação de serviços.

Vejamos trecho do voto em que o ministro Menezes Direito comenta e discorda da jurisprudência já pacificada no Superior Tribunal de Justiça:

> Em verdade, a conclusão a que chegou a decisão no sentido de que o fato gerador é a constituição da própria relação trabalhista inova em relação ao que foi previsto na lei e até na Constituição. Segundo o inciso I, "a", do art. 195, a contribuição social do empregador incide sobre a folha de salários e demais rendimentos do trabalho pagos ou creditados, a qualquer título, à pessoa física que lhe preste serviço, com ou sem vínculo empregatício.
>
> Ora, seja semanal, quinzenal ou mensal, a folha de salários é emitida periodicamente, e periodicamente são pagos os rendimentos do trabalho. É sobre esta folha periódica ou sobre estas remunerações periódicas que incide a contribuição. E por isso ela é devida também periodicamente, de forma sucessiva, seu fato gerador sendo o pagamento ou creditamento do salário. Não se cuida de um fato gerador único, reconhecido apenas na constituição da relação trabalhista. Mas tampouco se cuida de um tributo sobre o trabalho prestado ou contratado, a exemplo do que se dá com a propriedade ou o patrimônio, reconhecido na mera existência da relação jurídica.
>
> Como sabido, não é possível no plano constitucional, norma legal estabelecer fato gerador diverso para contribuição social de que cuida o inciso I, "a", do art. 195 da Constituição Federal.
>
> O receio de que, sendo o nosso sistema de previdência social contributivo e obrigatório, a falta de cobrança das contribuições nas circunstâncias pretendidas pelo INSS não pode justificar toda uma argumentação que para atingir o seu desiderato viole o art. 195 da Constituição e ainda passe ao largo de conceitos primordiais do Direito Processual Civil, como o princípio da *nulla executio sine título*, e do Direito das Obrigações, como os de débito e responsabilidade (*Shuld* e *Haftug*) que, no Direito Tributário, distinguem virtualmente a obrigação do crédito tributário devidamente constituído na forma da lei.

Com todo respeito que merece a decisão da Corte Maior, discordamos da fundamentação ali exposta. Nota-se que, no primeiro parágrafo transcrito, o ministro Menezes Direito afirma que a definição do fato gerador como sendo a prestação de serviços, violaria o texto constitucional e a lei.

Já demonstramos, exaustivamente, que o texto legal (arts. 22, I e 28, I) traz a palavra "devidos", firmando o posicionamento de que o fato gerador é o efetivo direito ao recebimento da remuneração, o que ocorre no momento da prestação de serviço. Assim, não há de se cogitar a existência de qualquer violação ao texto legal.

Quanto à violação ao texto constitucional, o ministro Menezes Direito não analisou, no nosso entendimento, o real significado da expressão "creditados". A que crédito a Constituição Federal se refere? Se for o crédito contábil, como já mencionamos anteriormente, teríamos verdadeira premiação ao infrator, que se beneficiaria da própria torpeza, ao não atender à legislação e aos princípios contábeis.

Ademais, como argumento final desta nossa exposição, diferentemente do que afirma em sua decisão o ministro Menezes Direito, a definição do fato gerador e das bases de cálculo das contribuições previstas na Constituição deve ser feita por lei ordinária.

Observa-se que o art. 156, III, "a", da Constituição dispõe caber à lei complementar: "a definição de tributos e de suas espécies, bem como, **em relação aos impostos discriminados nesta Constituição**, a dos respectivos fatos geradores, base de cálculos e contribuintes" (grifo nosso).

Em relação a este dispositivo, o Supremo Tribunal Federal já firmou jurisprudência no sentido de que, relativamente às contribuições, não é necessário lei complementar para sua instituição, sendo possível a definição do fato gerador, da base de cálculo e dos seus contribuintes por lei ordinária (RE 176.433; RE 138.284).

Assim sendo, é perfeitamente possível que a definição do fato gerador da contribuição previdenciária seja efetuada por meio de lei ordinária, desde que a possibilidade de cobrança da exação esteja prevista na Constituição, o que, de fato, ocorre (art. 195, I).

Ressalte-se que este posicionamento colhido do voto do Ministro Menezes Direito não reflete o posicionamento consolidado do STF. Conforme jurisprudência que foi inclusive publicada pelo próprio STF no material (A Constituição e o Supremo), o STF entende, ao comentar o texto do art. 195, I, a, da Constituição Federal, que "aplica-se à tributação da pessoa jurídica, para as contribuições destinadas ao custeio da seguridade social, calculadas com base na remuneração, o regime de competência. **Assim, o tributo incide no momento em que surge a obrigação legal de pagamento, independentemente se este irá ocorrer em oportunidade posterior**" [RE 419.612 AgR, rel. min. **Joaquim Barbosa**, j. 1º.03.2011, 2ª T, *DJE* de 06.04.2011].

Por fim, ressalte-se que o TST deu grande passo para o reconhecimento da prestação de serviço independentemente do pagamento como fato gerador da contribuição previdenciária, posição defendida por este autor, que parece estar sendo pacificada na Justiça Laboral. É que o pleno do TST em apertada votação em 20.10.2015, entendeu que a partir da Lei n. 11.941/2009, de

27.05.2009 (conversão da MP n. 449, de 03.12.2008), que alterou o art. 43, da Lei n. 8.212, citando expressamente que o fato gerador da contribuição previdenciária é a prestação de serviços, o fato gerador passou a ser o trabalho (E-RR - 1125-36.2010.5.06.0171).

Vejamos o acordão:

RECURSO DE EMBARGOS. INTERPOSIÇÃO NA VIGÊNCIA DA LEI N. 11.496/2007. MATÉRIA AFETA AO TRIBUNAL PLENO. CONTRIBUIÇÃO PREVIDENCIÁRIA. FATO GERADOR. INCIDÊNCIA DE MULTA E JUROS DA MORA. 1. A competência da Justiça do Trabalho abrange a execução de ofício das contribuições previdenciárias previstas no art. 195, da Constituição Federal, decorrentes das decisões que proferir, nos termos do art. 114, VIII, da Carta Magna. 2. O STF, em julgados recentes, concluiu que a Constituição Federal não define o momento em que ocorrem o fato gerador, a base de cálculo e a exigibilidade da contribuição previdenciária, podendo assim tais matérias ser disciplinadas por lei ordinária. Precedentes. 3. O art. 195 da Constituição Federal apenas dispõe sobre o financiamento das contribuições previdenciárias. Tal artigo deve ser interpretado sob o enfoque dos princípios que norteiam a seguridade social: da solidariedade, da universalidade da cobertura, do atendimento, da seletividade, da distributividade, da equidade na forma de participação do custeio e da diversidade da base de financiamento. Para que tais princípios sejam concretizados, deve-se levar em conta que a seguridade social abrange as áreas da saúde, da assistência social e da previdência social, conforme o disposto no art. 194 da Constituição Federal. 4. As questões referentes ao fato gerador das contribuições previdenciárias e incidência de juros de mora e multa decorrentes de decisões judiciais que determinem ou homologuem o pagamento de créditos trabalhistas sujeitos à incidência do referido tributo e de seus acréscimos moratórios, estão disciplinadas pelo art. 43 da Lei n. 8.212/91 e pela Lei n. 9.430/96. 5. Tem-se, contudo, que a referida legislação foi alterada pela Medida Provisória n. 449 de 2008, posteriormente convertida na Lei 11.941/2009, dando nova redação ao art. 43 da Lei n. 8.212/91. Em face de tais alterações legislativas, necessário se faz delimitar a questão em dois momentos relativos à matéria afeta ao art. 43 da Lei n. 8.212/91: um, quanto ao período que antecede a alteração da lei e o outro, em relação ao período posterior à alteração legislativa. 6. No tocante ao período anterior à alteração legislativa, considera-se como fato gerador das contribuições previdenciárias decorrentes de créditos trabalhistas reconhecidos em juízo o efetivo pagamento das verbas trabalhistas, configurando-se a mora a partir do dia dois do mês seguinte ao da liquidação. Pelo que para cálculo dos acréscimos legais (juros de mora e multa) aplica-se o disposto no art. 276 do decreto n. 3.048/99, ou seja, para aquelas hipóteses em que a prestação do serviço se deu até o dia 04.03.2009, observar-se-á o regime de caixa (no qual o lançamento é feito na data do recebimento do crédito ou do pagamento que gera o crédito decorrente). 7. Quanto ao período posterior à alteração do art. 43 da Lei n. 8.212/91, feita pela Medida Provisória n. 449/2008, convertida na Lei n. 11.941/2009, tem-se duas importantes alterações: a primeira, é que o fato gerador da contribuição previdenciária passou a ser a prestação do serviço, conforme o art. 43, § 2º, da Lei n. 8.212/91; e a segunda, é que no § 3º da referida lei instituiu-se o regime de competência para aplicação dos acréscimos legais moratórios, pois se passou a considerar o mês de competência em que o crédito é merecido, e não o momento em que o pagamento é feito, como no regime de caixa. 8. Contudo, a Constituição Federal estabelece o princípio da anterioridade nonagesimal, pelo qual as contribuições sociais, por serem uma espécie de tributo, só poderão ser exigidas após decorridos noventa dias da data da publicação da lei que as houver instituído ou modificado (art. 150, III, a, c/c o art. 195, § 6º, ambos da CF). Como a Medida Provisória n. 448/2008 foi publicada em 04.12.2008, suas alterações só podem ser exigidas após transcorridos noventa dias de sua publicação, pelo que o marco inicial da exigibilidade do regime de competência ocorreu na data de 05.03.2009. 9. Desta forma, em relação ao período em que passou a vigorar com a nova redação do art. 43 da Lei n. 8.212/91, aplicável às hipóteses em que a prestação do serviço ocorreu a partir do dia 5/3/2009, observar-se-á o regime de competência (em que o lançamento é feito quando o crédito é merecido e não quando é recebido), ou seja, considera-se como fato gerador das contribuições previdenciárias decorrentes de créditos trabalhistas reconhecidos em juízo, a data da efetiva prestação de serviço. 10. O lançamento pode direto (dispensando o auxílio do contribuinte); pode ser misto (decorrente de ação conjugada entre o Fisco e o contribuinte) e pode ser por homologação. Nos termos do art. 150, *caput*, do CTN, a contribuição social tem lançamento por homologação, eis que quem deve declarar e calcular o valor do tributo é o contribuinte e não o órgão arrecadador. Trata-se, pois, de lançamento que tem o recolhimento exigido do devedor independentemente de prévia manifestação do Fisco, que não precisa efetuar o ato final de lançamento para tornar exigível a prestação tributária. Da mesma forma que no IRPF a pessoa física presta as informações, faz o cálculo e ainda recolhe o tributo, na contribuição previdenciária, devida, na forma da lei, a partir da prestação do serviço, o contribuinte presta as informações sobre o pagamento por serviços prestados, faz o cálculo e recolhe o tributo, por se tratar de tributo cuja legislação atribui ao sujeito passivo o dever de antecipar o pagamento, sem prévio exame da autoridade administrativa. Donde se conclui que a prestação de serviços é o fato gerador da contribuição previdenciária, com lançamento automático, porque exigível a obrigação independentemente de prévio exame da autoridade administrativa, competindo ao tomador a retenção e o recolhimento do tributo. 11. Entretanto, a nova redação do § 3º do art. 43 da Lei n. 8.212/91 utilizou a expressão "acréscimos legais moratórios", indo, portanto, além da contribuição previdenciária em valores atualizados, para abranger os juros da mora correspondentes à utilização do capital alheio, ou seja, para remuneração do tempo em que a empresa deixou de verter para o sistema previdenciário as contribuições devidas, utilizando os valores devidos em proveito próprio. 11. Pela atualização monetária das contribuições respondem trabalhador e empresa, contribuintes do sistema e sem prejuízo para o trabalhador, que por sua vez receberá o crédito igualmente atualizado. 12. Pelos juros incidentes sobre as contribuições, no entanto, responde apenas a empresa, não sendo justo e nem cabível que por eles pague quem não se utilizou de um capital sobre o qual incidem as contribuições previdenciárias. 13. Quanto à multa, ao contrário da atualização monetária para recomposição do valor da moeda e dos juros, pela utilização do capital alheio, é uma penalidade destinada a compelir o devedor à satisfação da obrigação a partir do seu reconhecimento, pelo que não incide retroativamente à prestação de serviços, e sim a partir do exaurimento do prazo da citação para o pagamento, uma vez apurados os créditos previdenciários, nos termos do art. 61, §1º, da Lei n. 9.430/96, c/c art.43, §3º, da Lei n. 8.212/91, observado o limite legal de 20% previsto no art.61, §2º, da Lei n. 9.430/96. Recurso de embargos conhecido, por divergência jurisprudencial, e parcialmente provido.

Esta importante decisão tende a sepultar as discussões sobre o fato gerador da contribuição previdenciária nas execuções trabalhistas. Apesar de o TST só ter reconhecido que o fato gerador passou a ser a prestação de serviços a partir da vigência da MP 449/2008, em 05.03.2009, este posicionamento já resolve quase todos os processos trabalhistas, pois o período anterior a esta data já foi certamente tragado pela prescrição ou já foi analisado pela Justiça do Trabalho.

A discussão sobre o fato gerador da contribuição previdenciária é essencial para o desenvolvimento deste trabalho, e por diversas vezes retornaremos a este ponto para justificar os nossos posicionamentos sobre os temas polêmicos relativos à execução das contribuições previdenciárias.

1.5. Base de cálculo da contribuição previdenciária

As contribuições dos trabalhadores e dos tomadores de serviço para o Regime Geral da Previdência Social incidem sobre uma base denominada salário de contribuição. Essa mesma base é utilizada, também, no cálculo do valor da maioria dos benefícios.

O salário de contribuição parte do conceito trabalhista de remuneração, possuindo, todavia, as suas especificidades, como veremos a seguir.

As parcelas indenizatórias são excluídas do salário de contribuição, por não serem pagas como fruto do trabalho. São espécies de compensação por ações que tenham gerado algum prejuízo ao trabalhador. Os valores ressarcitórios também não fazem parte do salário de contribuição; são reembolsos de pagamentos que o funcionário antecipou para executar alguma atividade de interesse do patrão.

Salário de contribuição constitui um conceito muito mais abrangente que remuneração, possuindo particularidades próprias à legislação previdenciária.

Devemos, pois, partir do conceito de remuneração, para podermos entender o que é salário de contribuição. Este, definido no art. 28 da Lei n. 8.212/91, é, em verdade, a base de cálculo das contribuições previdenciárias, variando, a depender das categorias de trabalhadores. Vejamos:

> I — para empregado e trabalhador avulso — a remuneração recebida em uma ou mais empresas, assim entendida a totalidade dos rendimentos pagos, devidos ou creditados a qualquer título, durante o mês, destinados a retribuir o trabalho, qualquer que seja a sua forma, inclusive as gorjetas, os ganhos habituais sob a forma de utilidade e os adiantamentos decorrentes de reajustes salariais, quer pelos serviços efetivamente prestados, quer pelo tempo à disposição do empregador ou tomador de serviços, nos termos da lei ou do contrato, ou, ainda, de convenção ou acordo coletivo de trabalho ou sentença normativa.

O referido texto legal estabelece que o salário de contribuição é a totalidade dos rendimentos pagos, devidos ou creditados. Isto significa que a hipótese de incidência da contribuição previdenciária é a prestação de serviço do empregado e do trabalhador avulso para tomadores, independentemente da data do pagamento da remuneração, como já exaustivamente tratado no tópico anterior.

Tendo mais de um emprego, o trabalhador terá duas remunerações mensais, entretanto contará apenas com um salário de contribuição, que corresponderá à soma das remunerações recebidas em todas as empresas. Contribuirá para a previdência social sobre esta base unificada.

Quando a admissão do empregado ocorrer no curso do mês, o salário de contribuição será proporcional ao número de dias trabalhados. As faltas, as dispensas e os períodos de afastamento devem ser considerados para o cálculo dessa proporcionalidade.

> II — para o empregado doméstico: a remuneração registrada na Carteira de Trabalho e Previdência Social, observadas as normas a serem estabelecidas em regulamento para comprovação do vínculo empregatício e do valor da remuneração.

Da mesma forma que ocorre com o empregado, quando a admissão do empregado doméstico se operar no curso do mês, o salário de contribuição será proporcional ao número de dias trabalhados.

Neste texto legal, fica mais uma vez ressaltada a constante discriminação do legislador brasileiro com a categoria dos empregados domésticos. Perceba que, enquanto para todos os outros segurados trabalhadores, o legislador preocupou-se em definir o salário de contribuição como o valor efetivamente recebido, para os empregados domésticos a definição se deu com base na remuneração registrada na Carteira de Trabalho.

É como se, irresponsavelmente, os nossos representantes legislativos tivessem permitido que os empregadores domésticos registrassem uma remuneração na CTPS, sob a qual haveria incidência de contribuição previdenciária, e pagassem outra ao empregado.

Obviamente, este dispositivo deve ser interpretado de acordo com os princípios do nosso ordenamento jurídico, principalmente privilegiando a boa-fé. Logo, não é admissível que o empregador doméstico, aproveitando-se da fraqueza do texto legal, registre remuneração diferente da efetivamente paga ao empregado. Ocorrendo esta situação simulatória, o Estado deve se reservar o direito de cobrar as contribuições com base no valor efetivamente pago.

> III — para o contribuinte individual — a remuneração recebida, durante o mês, pelo exercício de atividade por conta própria, prestada a pessoas físicas ou a empresas.
>
> IV — para o segurado facultativo — o valor por ele declarado.

O segurado facultativo, como não recebe qualquer remuneração, fica incumbido de definir o próprio salário de contribuição, mensalmente.

Diferentemente da remuneração, o salário de contribuição tem limites máximo e mínimo para a incidência das contribuições mensais dos trabalhadores. Somente os segurados e um tipo de tomador de serviço, o empregador doméstico, utilizam tais limites para calcular seus recolhimentos mensais para a Previdência. As empresas e entidades a ela equiparadas não sofrem qualquer limitação para o cálculo da base de contribuição, utilizando, então, o salário de contribuição integral.

O limite mínimo corresponde ao piso salarial legal ou normativo da categoria ou, inexistindo este, ao salário mínimo, tomado no seu valor mensal, diário ou horário, conforme o ajustado e o tempo de trabalho efetivo durante o mês.

A contribuição mensal não poderá ser paga sobre uma base inferior à mínima, sob pena de não ser considerada pela Previdência para qualquer finalidade. Se a remuneração paga, entretanto, for inferior ao valor do salário mínimo mensal, em virtude de ajuste em função do tempo de trabalho efetivo durante o mês, a contribuição obrigatória poderá ter como base o salário mínimo proporcional.

Percebe-se que, mesmo nesta situação, a menor base contributiva continua sendo o salário mínimo, que pode ser apurado de forma proporcional ao tempo trabalhado. Assim, um trabalhador que ajusta a remuneração de metade do salário mínimo para trabalhar durante 22 horas semanais, em verdade, está recebendo um salário mínimo proporcional ao tempo de trabalho.

Na hipótese relatada, a contribuição deve ser efetuada sobre a base de meio salário mínimo. Se o trabalhador mantiver somente esta remuneração durante toda a sua vida laboral, poderá, de toda forma, receber benefícios da previdência social que substituam a remuneração pelo trabalho no valor de um salário mínimo. Isso porque nenhum benefício que substitua a remuneração pelo trabalho pode ser inferior a um salário mínimo (art. 2º, VI, da Lei n. 8.213/91).

O teto do salário de contribuição é atualizado, em regra, anualmente, embora o Governo possa revisá-lo quando julgar conveniente. A última atualização passou a vigorar a partir de 01.01.2017, com a Portaria 8, do Ministério da Fazenda, de 13.01.2017, que fixou o valor máximo em R$ 5.531,31.

Caso os segurados recebam valores superiores, deverão contribuir com uma alíquota incidente sobre o referido teto, nada contribuindo sobre a parcela excedente.

O mesmo ocorre para o empregador doméstico, único tomador de serviço que contribui com a utilização do limite máximo do salário de contribuição.

Já as empresas devem contribuir, aplicando a alíquota à totalidade dos rendimentos pagos, devidos ou creditados aos trabalhadores que lhes prestem serviço.

Salienta-se que a regra geral é que os pagamentos destinados a retribuir o trabalho devem integrar o salário de contribuição. O § 9º do art. 28 da Lei n. 8.212/91, todavia, exclui diversos pagamentos ao trabalhador da base de cálculo da previdência social.

Observa-se que os critérios utilizados para a concessão das isenções contidas no § 9º da Lei n. 8.212/91 não são exatamente os mesmos adotados para exclusão do conceito de remuneração pelo art. 458, § 2º, da CLT. Aí reside o principal ponto que deve ser observado no procedimento de execução das contribuições previdenciárias na Justiça do Trabalho.

Assim, lançamos um questionamento orientador: é possível que determinada parcela não seja considerada remuneratória no âmbito trabalhista, e que sobre ela haja incidência de contribuição previdenciária?

Sim, é perfeitamente possível. Isso ocorre devido ao fato de que as isenções previstas no § 9º, do art. 28, da Lei n. 8.212/91 são condicionadas, devendo a empresa cumprir certas exigências para gozar do benefício tributário. Nem sempre as exigências apontadas pela legislação previdenciária são as mesmas que as constantes do art. 458, da Consolidação das Leis Trabalhistas.

Para melhor compreensão desta diferenciação, trataremos de demonstrar, a título exemplificativo, em algumas parcelas, as diferenças existentes entre as bases trabalhista (remuneração) e previdenciária (salário de contribuição). Registra-se que o salário de contribuição foi tema escolhido para uma de nossas obras, escrita com o professor Sinésio Cyrino, que procurou esmiuçar as parcelas incidentes e não incidentes de contribuição previdenciária, não sendo, todavia, este o objetivo desta obra[18].

1.5.1. Educação dos empregados

Legislação Trabalhista

Art. 458, da CLT

§ 2º Para os efeitos previstos neste artigo, não serão consideradas como salário as seguintes utilidades concedidas pelo empregador:

II — educação, em estabelecimento de ensino próprio ou de terceiros, compreendendo os valores relativos a matrícula, mensalidade, anuidade, livros e material didático;

Legislação Previdenciária

Art. 28, da Lei n. 8.212/91

9º Não integram o salário de contribuição para os fins desta Lei, exclusivamente:

t) o valor relativo a plano educacional que vise à educação básica, nos termos do art. 21 da Lei n. 9.394, de 20 de dezembro de 1996, e a cursos de capacitação e qualificação profissionais vinculados às atividades desenvolvidas pela empresa, **desde que não seja utilizado em substituição de parcela salarial** e **que todos os empregados e dirigentes tenham acesso ao mesmo;** (grifo nosso)

Na análise dos textos das legislações trabalhista e previdenciária, podemos facilmente inferir que as exigências para o gozo da isenção tributária são maiores do que as exigências para desvincular tal parcela como da remuneração do trabalhador.

---

(18) O livro *Salário de contribuição — A base de cálculo previdenciária das empresas e dos segurados*, de minha autoria em conjunto com o professor Sinésio Cyrino, foi editado pela Edições JusPodivm, tendo a sua 2ª edição sido lançada em 2010. Nessa obra, enfrentamos a análise acerca da incidência de contribuição previdenciária sobre 55 parcelas, efetuando a comparação com a legislação trabalhista e enfocando os mais diversos posicionamentos doutrinários e as jurisprudências firmadas no STJ, no STF e no TST.

Nota-se, que, enquanto a legislação trabalhista exige apenas que o pagamento seja feito em utilidades, a legislação previdenciária impõe que seja elaborado um plano educacional capaz de atender à totalidade dos empregados e dirigentes da empresa.

Dessa forma, as empresas devem instituir um plano completo de educação, envolvendo todos os empregados, ou seja, todos devem ter a possibilidade de acessar a educação oferecida.

Caso sejam disponibilizados apenas cursos de pós-graduação, ficam excluídos os empregados que não possuam sequer a graduação, o que torna tais gastos parcelas incidentes de contribuição previdenciária.

O raciocínio pode ser repetido para empresas que financiam os cursos de seus empregados a partir de determinado nível hierárquico.

Os famosos MBAs — Master Business Administration, oferecidos exclusivamente para os trabalhadores que exercem cargo da alta administração sob a ótica previdenciária, devem ser tributados, pois não são extensíveis à totalidade dos empregados e dirigentes da empresa.

Seguindo o mesmo raciocínio, se a empresa decide pagar os gastos com a faculdade de apenas um de seus empregados, tais despesas jamais poderão ser consideradas remuneratórias, mas devem sofrer a tributação previdenciária.

1.5.2. Despesas médicas

Legislação Trabalhista

Art. 458, da CLT

§ 2º Para os efeitos previstos neste artigo, não serão consideradas como salário as seguintes utilidades concedidas pelo empregador:

IV — assistência médica, hospitalar e odontológica, prestada diretamente ou mediante seguro-saúde;

Legislação Previdenciária

Art. 28, da Lei n. 8.212/91

9º Não integram o salário de contribuição para os fins desta Lei, exclusivamente:

q) o valor relativo à assistência prestada por serviço médico ou odontológico, próprio da empresa ou por ela conveniado, *inclusive o reembolso* de despesas com medicamentos, óculos, aparelhos ortopédicos, despesas médico-hospitalares e outras similares, **desde que a cobertura abranja a totalidade dos empregados e dirigentes da empresa**; (grifo nosso)

Mais uma vez, a legislação trabalhista somente exige, para que os gastos com esta parcela sejam desvinculados da remuneração, que o pagamento seja feito em utilidades, permitindo, inclusive, que a prestação seja fornecida por meio de rede própria ou conveniada de saúde.

Já a Lei previdenciária impõe, para a concessão da isenção, que a cobertura abranja a totalidade dos empregados e dirigentes da empresa (extensividade). Ademais, em nome da concretização total do direito social "saúde" (art. 6º, da CF), permite o reembolso de despesas com medicamentos, óculos, aparelhos ortopédicos, despesas médico-hospitalares e outras similares, respeitada a extensividade, é claro.

Algumas empresas, contudo, de forma direta ou indireta, não têm observado esta regra, fornecendo a vantagem apenas a um grupo de empregados, passando, dessa forma, a verba a ser considerada parcela incidente.

Caso uma empresa decida fornecer plano de saúde apenas a uma parte dos seus empregados, a verba passa a ser considerada tributável pelo Fisco Previdenciário. Isso ocorre, por exemplo, quando a empresa decide conceder seguro de saúde para benefício apenas dos seus gerentes e diretores.

Por seu turno, as empresas que disponibilizam aos trabalhadores planos diferenciados em função da posição hierárquica dos empregados também podem estar sujeitas à tributação. Perceba que a Lei exige que a cobertura da assistência (procedimentos cobertos) seja extensível à totalidade de empregados e dirigentes, podendo a rede de atendimento ser diferenciada (hospitais, clínicas etc.). Assim, se os planos oferecidos cobrem procedimentos distintos e, com isso, privilegiam os empregados do alto escalão, o custo do benefício superior deve ser tributado.

O problema deixa de aparecer se a empresa que possua mais de uma opção de plano de saúde disponibilizar a todos seus empregados os diferentes tipos, impondo descontos diferenciados, o que, obviamente, fará que os empregados que percebam remunerações mais elevadas optem por planos melhores. Ressalta-se, contudo, que a empresa deve, efetivamente, oferecer planos acessíveis aos trabalhadores mais pobres, sob pena de caracterizar burla inaceitável à regra já mencionada. Neste caso, seria prudente que a empresa formalizasse o direito de opção em formulário próprio para materializar a extensividade.

A necessidade de fornecimento de planos diferenciados muitas vezes ocorre porque a empresa possui estabelecimentos em diversos estados brasileiros e, como se sabe, determinadas administradoras têm penetração apenas regional. A empresa que estiver nesta situação deve buscar planos similares para que não corra o risco de ter a verba considerada tributável.

Nota-se que estas observações nada interessam ao Direito do Trabalho, pois, mesmo que o plano de saúde seja concedido apenas para um dos trabalhadores da empresa, tal verba não terá natureza salarial.

1.5.3. Previdência complementar

Legislação Trabalhista

Art. 458, da CLT

§ 2º Para os efeitos previstos neste artigo, não serão consideradas como salário as seguintes utilidades concedidas pelo empregador:

VI — previdência privada;

Legislação Previdenciária

Art. 28, da Lei n. 8.212/91

9º Não integram o salário de contribuição para os fins desta Lei, exclusivamente:

p) o valor das contribuições efetivamente pago pela pessoa jurídica relativo a programa de previdência complementar, aberto ou fechado, desde que disponível à totalidade de seus empregados e dirigentes, observados, no que couber, os arts. 9º e 468 da CLT;

No particular, a legislação trabalhista só repete a exigência de que o pagamento seja feito em utilidades, enquanto a legislação previdenciária impõe o preenchimento de dois requisitos para a concessão da isenção: (a) que seja disponível à totalidade de seus empregados e dirigentes (extensividade); e (b) que a concessão do benefício não tenha como objetivo desvirtuar, impedir ou fraudar o contrato de trabalho.

1.5.4. Alimentação do trabalhador

Legislação Trabalhista

Art. 458, da CLT

Além do pagamento em dinheiro, compreende-se no salário, para todos os efeitos legais, a alimentação, habitação, vestuário ou outras prestações *in natura* que a empresa, por força do contrato ou do costume, fornecer habitualmente ao empregado. Em caso algum será permitido o pagamento com bebidas alcoólicas ou drogas nocivas.

Legislação Previdenciária

Art. 28, da Lei n. 8.212/91

9º Não integram o salário de contribuição para os fins desta Lei, exclusivamente:

c) a parcela *in natura* recebida de acordo com os programas de alimentação aprovados pelo Ministério do Trabalho e da Previdência Social, nos termos da Lei n. 6.321, de 14 de abril de 1976;

A leitura do texto do art. 458 da CLT evidencia que, pela sistemática da legislação trabalhista, os gastos com a alimentação do trabalhador são considerados salário *in natura*. Nota-se que o § 2º do art. 458, que excluiu determinadas parcelas do salário, não elegeu a alimentação dos trabalhadores para a desvinculação remuneratória.

Já a legislação previdenciária excluiu os valores gastos com a alimentação dos trabalhadores da base de cálculo da contribuição previdenciária, desde que fossem atendidas as regras do Programa de Alimentação do Trabalhador.

A Justiça do Trabalho, todavia, pacificou o entendimento de que se deve aplicar analogicamente o disposto na alínea "c", do § 9º, do art. 28, da Lei n. 8.212/91, para excluir do salário os valores pagos para a alimentação dos empregados.

A jurisprudência trabalhista consolidou também o entendimento de que é obrigatório o cumprimento das regras do PAT para que a parcela não integre a remuneração do trabalhador, conforme Orientação Jurisprudencial 133, da Seção de Dissídios Individuais I, do TST:

> A ajuda alimentação. PAT. Lei n. 6.321/76. Não integração ao salário. A ajuda alimentação fornecida por empresa participante do Programa de Alimentação ao Trabalhador, instituído pela Lei n. 6.321/76, não tem caráter salarial. Portanto, não integra o salário, para nenhum efeito legal.

As principais regras do PAT que devem ser atendidas pela empresa estão descritas a seguir:

Modalidades — A empresa pode fornecer alimentação aos seus empregados por meio de refeitórios próprios ou administrados por empresas prestadoras de serviço de alimentação coletiva. Pode, ainda, distribuir cestas-básicas, vales-alimentação ou vales-refeição. Os vales-refeição são aceitos, principalmente, em restaurantes e lanchonetes. Os vales-alimentação são aceitos em supermercados (art. 8º e 10º, da Portaria 3, do MTE).

Inscrição no programa — As empresas contratantes, as prestadoras de serviço de alimentação coletiva e as fornecedoras de alimentos (quentinha) e similares (cestas-básicas, vales-alimentação e vales-refeição) devem estar inscritas no PAT para que os valores gastos não sejam considerados remuneração. A inscrição pode ser efetuada e conferida no site do MTE — Ministério do Trabalho e Emprego (www.mte.gov.br) (art. 2º, da Portaria 3, do MTE).

Participação dos trabalhadores no custeio — A participação máxima dos trabalhadores no custo direto da alimentação fornecida não pode ser superior a 20% do valor total despendido. Adicionalmente, a parcela desembolsada por empregado não pode ser superior a 20% do valor da refeição recebida. Custo direto da alimentação é o gasto com a compra dos alimentos e preparo das refeições. Não são permitidos rateios de custos indiretos, ou seja, a parcela referente ao consumo de luz e a água do refeitório (art. 4º, da Portaria 3, do MTE).

Suponhamos, a título de exemplo deste requisito, que uma fábrica de material de construção gaste com os custos diretos do refeitório dos empregados o total de R$ 100.000,00. A participação máxima dos empregados no custo da alimentação seria de R$ 20.000,00. Da mesma forma, se ela concedesse R$ 200,00 de vales-alimentação para cada um de seus empregados, deveria descontar, no máximo, R$ 40,00. Observe-se que não há dispositivo que obrigue a empresa a efetuar um percentual mínimo de desconto da remuneração dos seus empregados para o custeio da alimentação, como adiante comentaremos.

Vedação à utilização do programa como forma de premiação — A alimentação do trabalhador não pode estar sujeita a qualquer condição. Algumas empresas costumam condicionar a entrega de cestas-básicas mensais à frequência regular dos empregados, limitando o número de faltas mensais para obtenção deste benefício. Neste caso, o Fisco Previdenciário considera esta parcela incidente (art. 6º, II, da Portaria 3, do MTE).

Obrigatoriedade para empregados que percebam até 5 salários mínimos — As pessoas jurídicas beneficiárias poderão incluir no Programa trabalhadores de renda mais elevada, desde que esteja garantido o atendimento à totalidade dos trabalhadores que percebam até cinco salários mínimos, independentemente da duração da jornada de trabalho. O benefício concedido aos trabalhadores que percebam até cinco salários mínimos não poderá, sob qualquer pretexto, ter valor inferior àquele concedido aos de rendimento mais elevado (art. 3º, da Portaria 3, do MTE).

Percebe-se que o valor do benefício concedido aos trabalhadores tem de ser idêntico. Assim, não está atendendo às regras do PAT a empresa que possua mais de um restaurante, oferecendo alimentação de qualidade distinta para os trabalhadores de diferentes níveis hierárquicos. O que se poderia admitir é que todos os restaurantes sejam disponibilizados à totalidade dos trabalhadores, oferecendo-se a opção de utilização do restaurante de melhor qualidade, mediante cobrança.

1.5.5. Seguro de vida

Legislação Trabalhista

Art. 458, da CLT

§ 2º Para os efeitos previstos neste artigo, não serão consideradas como salário as seguintes utilidades concedidas pelo empregador:

V — seguros de vida e de acidentes pessoais;

Legislação Previdenciária

RPS, aprovado pelo Decreto n. 3.048/99

§ 9º Não integram o salário de contribuição, exclusivamente:

XXV— o valor das contribuições efetivamente pago pela pessoa jurídica relativo a prêmio de seguro de vida em grupo, **desde que previsto em acordo ou convenção coletiva de trabalho e disponível à totalidade de seus empregados e dirigentes**, observados, no que couber, os arts. 9º e 468 da CLT. (grifo nosso)

A legislação trabalhista, mantendo a mesma linha, só exige que o pagamento seja feito em utilidades. Já a legislação previdenciária impõe, para a concessão da isenção, o preenchimento de dois requisitos:

a) que o benefício esteja previsto em acordo ou convenção coletiva de trabalho;

b) que esteja disponível à totalidade de seus empregados e dirigentes (extensividade);

Temos nos posicionado contrário à incidência de contribuição previdenciária sobre os valores despendidos com o seguro de vida. Isso porque entendemos que estes valores não geram qualquer acréscimo patrimonial para o trabalhador, não podendo ser incluídos na base de tributação.

A jurisprudência do STJ é pacífica no sentido de que o seguro de vida em grupo não gera vantagem a favor do segurado, não se constituindo salário *in natura*. Dessa forma, não deve ser incluído na base de tributação previdenciária.

REsp 441096/RS; RECURSO ESPECIAL 2002/0074674-6. Rel. Ministra ELIANA CALMON (1114). DJ 04.10.2004 p. 231. PREVIDENCIÁRIO — CONTRIBUIÇÃO — BASE DE CÁLCULO — INCLUSÃO DO SEGURO DE VIDA EM GRUPO. 1. O valor pago pelo empregador por seguro de vida em grupo é atualmente excluído da base de cálculo da contribuição previdenciária em face de expressa referência legal (art. 28, § 9º, "p" da Lei n. 8212/91, com a redação dada pela Lei n. 9.528/97). 2. O débito em cobrança é anterior à lei que excluiu da incidência o valor do seguro de vida mas, independentemente da exclusão, por força da interpretação teleológica do primitivo art. 28, inciso I, da Lei n. 8212/91, pode-se concluir que o empregado nada usufrui pelo seguro de vida em grupo, o que descarta a possibilidade de considerar-se o valor pago, se generalizado para todos os empregados, como sendo salário-utilidade. 3. Recurso especial improvido.

2

Procedimento de execução das contribuições previdenciárias na justiça do trabalho

Neste capítulo, objetivamos fornecer aos leitores breves considerações sobre o procedimento de execução das contribuições previdenciárias no âmbito da Justiça laboral.

Observa-se que, mesmo antes da Emenda Constitucional n. 20/98, que inseriu no ordenamento constitucional expressa previsão da execução, de ofício, das contribuições previdenciárias pelos magistrados trabalhistas, já havia, no plano infraconstitucional, dispositivo que ordenava tal prática.

É que a Lei n. 8.212/91, nos seus arts. 43 e 44, com as alterações introduzidas pela Lei n. 8.620/93, previa que, nos processos trabalhistas em que da sentença condenatória ou transação homologada resultasse o pagamento de direitos subjetivos com incidência de contribuição previdenciária, o juiz, sob pena de responsabilidade, determinaria o imediato recolhimento das importâncias devidas à Seguridade Social[19].

Apesar de estar prevista no texto legal, havia grande resistência por parte dos juízes trabalhistas em proceder à execução das contribuições previdenciárias, por acreditarem que os dispositivos que a ordenavam eram eivados de vício de inconstitucionalidade.

O fato é que, com a promulgação da Emenda Constitucional 20/98, a tese da inconstitucionalidade, apesar de não ter sido completamente extinta na doutrina, perdeu bastante a sua força. Atualmente, esta questão já está completamente pacificada na esfera jurisprudencial, não mais sendo encontradas decisões de magistrados neste sentido.

A Lei n. 10.035, de 25.10.2000, foi a que primeiro regulamentou o procedimento de execução das contribuições previdenciárias pela Justiça Trabalhista, incluindo e alterando dispositivos da CLT.

---

(19) FELICIANO, Guilherme Guimarães. *Execução de contribuições sociais na justiça do trabalho*. São Paulo: LTr, 2002. p. 20.

Na redação atual do parágrafo único do art. 876, da CLT, que será objeto de detalhada análise em tópico próprio, está disposto que

> serão executadas *ex officio* as contribuições sociais devidas em decorrência de decisão proferida pelos juízes e Tribunais do Trabalho, resultantes de condenação ou homologação de acordo, inclusive sobre os salários pagos durante o período contratual reconhecido.

Já o art. 877, da Consolidação, atribui competência executiva das decisões ao juiz ou Presidente do Tribunal que tiver conciliado ou julgado originariamente o dissídio.

O devedor pode pagar de imediato a importância que entender devida à Previdência Social, sem prejuízo da cobrança, de ofício, pelo Juiz do Trabalho, de eventuais diferenças encontradas no momento da execução (art. 878-A, da CLT).

No caso de sentenças ilíquidas, o procedimento de liquidação deve abarcar, também, o cálculo das contribuições previdenciárias. Para tanto, as partes deverão ser previamente intimadas para a apresentação do cálculo de liquidação, inclusive da contribuição previdenciária incidente.

Depois de elaborada a conta e tornada líquida, o juiz poderá abrir às partes prazo sucessivo de 10 dias para impugnação fundamentada com a indicação dos itens e valores objeto da discordância, sob pena de preclusão.

Elaborada a conta pela parte ou pelos órgãos auxiliares da Justiça do Trabalho, o juiz procederá à intimação da União para manifestação, no prazo de 10 dias, sob pena de preclusão (art. 878, § 3º, da CLT).

Observa-se que o gigantesco volume de ações trabalhistas, conjugado com o pequeno número de Procuradores Federais alocados no trabalho de revisão dos valores executados em sentença, faz que a esmagadora maioria da cobrança de contribuições previdenciárias nas ações trabalhistas seja efetuada sem a participação da União, que apenas atua nas causas mais relevantes em termos de valor.

Após a edição da Lei n. 11.457/2007, que criou a Secretaria da Receita Federal do Brasil (Super Receita), passou-se a discutir sobre qual seria a Procuradoria que deveria representar a União, em processos trabalhistas: se deveria continuar sendo a Procuradoria Federal ou a da Procuradoria da Fazenda Nacional.

O art. 16, § 3º, II, da Lei n. 11.457/2007, espanta qualquer dúvida ao definir que compete à Procuradoria-Geral Federal representar a União, nos processos da Justiça do Trabalho relacionados com a cobrança de contribuições previdenciárias.

Para diminuir as demandas por manifestações da Procuradoria, a Lei n. 11.457/2007 inseriu o § 5º, ao art. 879, da CLT, dispondo que o Ministro de Estado da Fazenda poderá, mediante ato fundamentado, dispensar a manifestação da União, quando o valor total das verbas que integre o salário de contribuição, na forma do art. 28 da Lei n. 8.212, de 24 de julho de 1991 não for relevante.

Atualmente, este valor está definido na Portaria MF 582, de 11.12.2013 que prevê dispensa de manifestação judicial da Procuradoria-Geral Federal, quando o valor das contribuições previdenciárias devidas no processo judicial for igual ou inferior a R$ 20.000,00.

Em relação ao prazo para o pagamento das contribuições previdenciárias, o art. 276 do Regulamento da Previdência Social determina que o recolhimento das importâncias devidas à seguridade social em decorrência de ações trabalhistas será feito no dia 2 do mês seguinte ao da liquidação da sentença.

Dispõe, ainda, que, no caso do pagamento parcelado, as contribuições devidas à Seguridade Social serão recolhidas na mesma data e proporcionalmente ao valor de cada parcela.

As alíquotas de contribuição e a forma de atualização do crédito tributário são as mesmas aplicáveis na legislação de custeio da Previdência Social, não havendo qualquer peculiaridade.

Na sentença ou no acordo homologado, cujo valor da contribuição previdenciária devida for inferior ao limite mínimo permitido para recolhimento na Guia da Previdência Social (GPS), é autorizado o recolhimento dos valores devidos cumulativamente com as contribuições normais de mesma competência. Atualmente, o limite mínimo para o recolhimento da GPS é de R$ 10,00.

O recolhimento das contribuições do empregado reclamante deverá ser feito na mesma inscrição em que são recolhidas as contribuições devidas pela empresa. O que permite a identificação da contribuição do trabalhador pela Autarquia Previdenciária é a entrega pela empresa da GFIP da reclamatória trabalhista, conforme será estudado em capítulo próprio desta obra.

Os demais pontos relacionados ao procedimento de execução das contribuições previdenciárias na Justiça do Trabalho serão explorados nos capítulos seguintes, por se tratarem de questões controvertidas sobre a matéria, merecendo uma reflexão mais aprofundada.

3

Polêmicas acerca da execução das contribuições previdenciárias

3.1. Introdução

Quase 20 anos se passaram desde que as contribuições previdenciárias passaram a ser executadas, de ofício, na Justiça do Trabalho. O tempo passou, mas as polêmicas sobre os aspectos práticos cotidianos estão bem longe de serem apaziguadas.

Há um jargão no Direito Tributário que afirma que "lei boa é lei velha". No primeiro momento parece-nos esquisita esta assertiva, mas, se pararmos para refletir, podemos chegar à conclusão de que o tempo é fundamental para a pacificação das controvérsias, promovendo a segurança jurídica.

Vinte anos para uma lei tributária, tendo em vista a usual lentidão do judiciário brasileiro, são insuficientes para pôr fim às discussões, com respostas definitivas dos tribunais superiores.

Neste capítulo, pretendemos, então, abordar as questões mais polêmicas acerca do cotidiano da execução das contribuições previdenciárias na Justiça do Trabalho.

3.2. Contribuições decorrentes de sentenças de reconhecimento de relação de trabalho

Como já visto, a Emenda Constitucional 20/98 foi a responsável por consolidar, no nosso ordenamento jurídico, a exigência de execução de ofício das contribuições previdenciárias pela Justiça do Trabalho. É que o art. 114, §3º, da CF/88, deslocado para o art. 114, VIII, pela EC 45/04, trouxe a seguinte redação:

> Art. 114. Compete à Justiça do Trabalho processar e julgar:
>
> VIII a execução, de ofício, das contribuições sociais previstas no art. 195, I, a , e II, e seus acréscimos legais, **decorrentes das sentenças que proferir**; (grifo nosso)

Percebe-se que o texto do art. 114, VIII, da Constituição Federal possui uma redação de difícil compreensão. Isso se deve ao fato de utilizar-se da expressão "decorrentes das sentenças que proferir". Em verdade, seja qual for a tese encampada em relação ao fato gerador da contribuição previdenciária (trabalho ou pagamento, como explicado em tópico específico), todos concordam que a contribuição previdenciária jamais decorrerá da sentença trabalhista.

Nota-se que, de acordo com o próprio texto constitucional, as contribuições que devem ser executadas são as previstas no art. 195 da Constituição. Nesse artigo, não existe qualquer margem interpretativa para entender que uma sentença pode ser fato gerador de contribuição previdenciária.

Nós, que entendemos, pelos motivos exaustivamente expostos no tópico 1.4, que o fato gerador da contribuição previdenciária é a prestação de serviço, jamais podemos aceitar que haja qualquer tributo decorrente da sentença trabalhista.

Em realidade, qualquer que seja a natureza da decisão, ela tem apenas o condão de reconhecer a existência de uma relação de trabalho que se perfez no passado. Com esse entendimento, podemos afirmar que toda decisão trabalhista tem uma forte carga declaratória.

A partir da análise deste texto, surgiram diversas dúvidas a respeito da abrangência da execução das contribuições previdenciárias, principalmente no que se refere à possibilidade de execução das contribuições previdenciárias nas ações declaratórias que reconheçam a existência de uma relação laboral, contudo, que não determinem o pagamento de qualquer parcela ao empregado.

Assim, para muitos a execução das contribuições previdenciárias somente poderia se aperfeiçoar quando houvesse a condenação do reclamado em pagamento de parcelas trabalhistas. De acordo com esta visão, a contribuição previdenciária seria uma parcela acessória que deveria seguir a parcela principal, no caso, os créditos trabalhistas.

A União sempre defendeu o posicionamento oposto sob o argumento de que o texto constitucional não faz distinção entre sentenças declaratórias ou condenatórias, ordenando a execução em ambos os casos. Nesse raciocínio, se o fato gerador da contribuição previdenciária é o trabalho e o juiz declarou a existência deste, as contribuições previdenciárias devidas devem ser executadas.

Defendemos esta segunda corrente por acreditarmos que o Direito Previdenciário é autônomo em relação ao Direito do Trabalho. Também para manter a coerência deste trabalho, que defende que o fato gerador da contribuição previdenciária é o trabalho, não poderia ser outro o nosso posicionamento. Ora, quando o Juiz Trabalhista detecta que houve relação de trabalho, reconhece a ocorrência do fato gerador desse tributo. Assim sendo, deve proceder à execução das contribuições previdenciárias decorrentes dessa sentença.

Diferente foi o entendimento do TST exarado pela sua Súmula 368, I, com redação alterada em 25.11.2005. Vejamos:

> I — A Justiça do Trabalho é competente para determinar o recolhimento das contribuições fiscais. A competência da Justiça do Trabalho, quanto à execução das contribuições previdenciárias, limita-se às sentenças condenatórias em pecúnia que proferir e aos valores, objeto de acordo homologado, que integrem o salário de contribuição.

Posteriormente à citada Súmula, foi editada a Lei n. 11.457/07, que alterou a redação do parágrafo único, do art. 876, da CLT deixando clara a necessidade de execução de ofício das contribuições previdenciárias decorrentes das sentenças declaratórias de reconhecimento de vínculo. Foi uma tentativa de pacificar as decisões da Magistratura Trabalhista em sentido oposto à Súmula. Vejamos:

Redação anterior à Lei n. 11.457/07

Art. 876, CLT

Parágrafo único. Serão executados *ex officio* os créditos previdenciários devidos em decorrência de decisão proferida pelos Juízes e Tribunais do Trabalho, **resultantes de condenação ou homologação de acordo.** (Incluído pela Lei n. 10.035, de 25.10.2000) (grifo nosso)

Redação dada pela Lei n. 11.457/07

Art. 876, CLT

Parágrafo único. Serão executadas *ex officio* as contribuições sociais devidas em decorrência de decisão proferida pelos Juízes e Tribunais do Trabalho, resultantes de condenação ou homologação de acordo, **inclusive sobre os salários pagos durante o período contratual reconhecido.** (grifo nosso)

Com a nova redação, a própria lei passou a regular expressamente que deverá ser procedida à execução das contribuições sociais sobre os salários pagos durante o período contratual reconhecido pela Justiça Trabalhista.

Em relação ao confronto da nova Lei com a antiga Súmula, o professor Fábio Zambitte se manifestou da seguinte forma:

> Na execução, a nova competência trabalhista exsurge com maior evidência. Na nova redação do art. 876, parágrafo único, da CLT, com redação dada pela Lei n. 11.457/07, serão executadas *ex officio* as contribuições sociais devidas em decorrência de decisão proferida pelos juízes e Tribunais do Trabalho, resultantes de condenação

ou homologação de acordo, inclusive sobre os salários pagos durante o período contratual reconhecido, superando-se o disposto na Súmula n. 368 do TST[20].

O assunto parecia estar caminhando para uma pacificação com a nova redação da CLT, mas não foi o que efetivamente aconteceu. Muitos Juízes continuaram entendendo que não haveria possibilidade de executar as contribuições previdenciárias decorrentes de sentenças declaratórias, por entenderem que a Constituição Federal não dá margem a este procedimento.

A jurisprudência era bastante oscilante em relação a esse tema. Ocorre que em 11.09.2008, no importante julgamento do Recurso Extraordinário 569056 (publicado em 12.12.2008), movido pelo INSS contra decisão do TST, o STF aprovou a edição de súmula vinculante acerca da limitação da competência executiva previdenciária da Justiça do Trabalho para ações condenatórias. Na sessão, inclusive, chegou a ser analisada a nova redação da CLT. Vejamos:

> **Decisão**: O Tribunal, por unanimidade e nos termos do voto do Relator, desproveu o recurso. Em seguida, o Tribunal, por maioria, aprovou proposta do Relator para edição de súmula vinculante sobre o tema, e cujo teor será deliberado nas próximas sessões, vencido o Senhor Ministro Marco Aurélio, que reconhecia a necessidade de encaminhamento da proposta à Comissão de Jurisprudência. Votou o Presidente, Ministro Gilmar Mendes. Ausentes, justificadamente, os Senhores Ministros Celso de Mello, Carlos Britto e Joaquim Barbosa. Falou pela Advocacia-Geral da União o Dr. Marcelo de Siqueira Freitas, Procurador-Geral Federal. Plenário, 11.09.2008.
>
> **EMENTA**
>
> **Recurso extraordinário. Repercussão geral reconhecida. Competência da Justiça do Trabalho. Alcance do art. 114, VIII, da Constituição Federal.**
>
> 1. A competência da Justiça do Trabalho prevista no art. 114, VIII, da Constituição Federal alcança apenas a execução das contribuições previdenciárias relativas ao objeto da condenação constante das sentenças que proferir.
>
> 2. Recurso extraordinário conhecido e desprovido. **(grifo nosso)**

A mencionada Súmula Vinculante aprovada pelo STF somente foi publicada anos depois. Vejamos o texto da Súmula Vinculante n. 53, publicada em 18.06.2015: "A competência da Justiça do Trabalho prevista no art. 114, VIII, da Constituição Federal alcança a execução de ofício das contribuições previdenciárias relativas ao objeto da condenação constante das sentenças que proferir e acordos por ela homologados".

As decisões posteriores passaram a reafirmar a impossibilidade de execução das contribuições decorrentes de sentenças de reconhecimento

---

(20) IBRAHIM, Fábio Zambitte. *Curso de direito previdenciário.* 15. ed. Rio de Janeiro: Impetus, 2010. p. 761.

de vínculo, que não condenarem a empresa ao pagamento de qualquer parcela. Vejamos exemplo de decisão do TST:

> Processo: AIRR — 275540-41.1998.5.02.0202 Data de Julgamento: 10.03.2010, Relatora Ministra: Maria Doralice Novaes, 7ª Turma, Data de Divulgação: DEJT 12.03.2010.
>
> Ementa:
>
> **CONTRIBUIÇÃO PREVIDENCIÁRIA — EXECUÇÃO DE SENTENÇA — SALÁRIOS PAGOS NO CURSO DA RELAÇÃO DE EMPREGO RECONHECIDA EM JUÍZO — INCOMPETÊNCIA DA JUSTIÇA DO TRABALHO — SÚMULA 368, I, DO TST.** 1. Segundo a diretriz da Súmula 368, I, do TST, a competência da Justiça do Trabalho, quanto à execução das contribuições fiscais, limita-se às sentenças condenatórias em pecúnia que proferir e aos valores, objeto de acordo homologado, que integrem o salário de contribuição. 2. O entendimento adotado pelo Regional está em consonância com o mencionado verbete sumulado, restando atendido o fim precípuo do recurso de revista, que é a pacificação da controvérsia perante esta Corte Superior. Assim, não aproveita à ora Agravante a reiteração da tese de afronta a dispositivo da Constituição Federal. **Agravo de instrumento desprovido.** (grifo nosso)

3.3. Incidência de juros

Outra questão bastante controvertida refere-se à cobrança de juros na execução das contribuições previdenciárias na Justiça do Trabalho.

É sempre importante relembrarmos o dispositivo constitucional, desta vez enfocando o tema ora em análise:

> Art. 114. Compete à Justiça do Trabalho processar e julgar:
>
> VIII a execução, de ofício, das contribuições sociais previstas no art. 195, I, a , e II, **e seus acréscimos legais,** decorrentes das sentenças que proferir; (grifo nosso)

Vê-se que o texto constitucional já albergou a possibilidade de executar também os acréscimos legais das contribuições previdenciárias decorrentes das sentenças promovidas na Justiça do Trabalho.

A dúvida reside em qual taxa referencial se deve adotar para que seja promovida tal execução. Vejamos o que diz o art. 879, § 4º, da CLT, acrescentado pela Lei n. 10.035/2000:

> Art. 879, § 4º, da CLT
>
> § 4º A atualização do crédito devido à Previdência Social observará os critérios estabelecidos na legislação previdenciária.

A sistemática de cálculo dos juros moratórios referentes às contribuições previdenciárias foi alvo de profunda alteração, com a publicação da Medida Provisória 449, de 03.12.2008. A partir desta MP, que revogou o art. 34 da Lei n. 8.212/91, os juros passaram a ser regulamentados pelo § 3º, do art. 61, da

Lei n. 9.430/96, unificando a sistemática para todos os tributos arrecadados pela RFB — Receita Federal do Brasil.

Assim, sobre os débitos previdenciários e os referentes a contribuições para outras entidades e fundos ("terceiros"), incidirão juros de mora calculados à taxa referencial do Sistema Especial de Liquidação e Custódia — SELIC, a partir do primeiro dia do mês subsequente ao vencimento do prazo, até o mês anterior ao do pagamento e de 1% no mês de pagamento.

A grande alteração promovida pela MP 449 foi que, antes da sua publicação, os juros eram calculados à razão de 1%, no mês de vencimento, SELIC, nos meses intermediários, e 1%, no mês de pagamento. Com a nova regulamentação, não há incidência de juros no mês de vencimento.

Os juros de mora pagos pelas empresas não podiam ser inferiores a 1% ao mês, ou seja, quando a taxa mensal SELIC era inferior a 1%, os juros cobrados deviam atingir este percentual. Ocorre que o Decreto 6.224, de 04.10.2007, revogou o § 1º, do art. 239, do RPS, que dispunha sobre a impossibilidade de cobrança de taxa de juros inferiores a 1%. Assim, a partir desse Decreto, a SELIC deve ser utilizada, mesmo nos meses em que ela for inferior a 1%.

A dúvida persiste em relação ao momento inicial da incidência dos juros SELIC. Alguns juízes, partindo da premissa de que o fato gerador da contribuição previdenciária nas reclamatórias trabalhistas é o pagamento, acreditam que devem ser cobrados os juros somente a partir deste momento. Neste caso, o crédito trabalhista deve ser atualizado pela TR e a cobrança da contribuição previdenciária deve ser feita com base no crédito atualizado. Nesta situação, o contribuinte não pagaria juros SELIC sobre a atualização do crédito previdenciário.

Para deixar mais claro os impactos que tal divergência pode causar no valor final do crédito previdenciário vamos trabalhar com um exemplo numérico. Supondo que uma empresa foi condenada a pagar R$ 100.000,00 a um de seus empregados referente à divida do mês de 01/2015 e efetuou o pagamento em 07/2017.

Considerando os seguintes dados ilustrativos:

1) Alíquota Patronal de Contribuição Previdenciária – 25%

2) SELIC de 01/2015 a 07/2017 – 20%

3) TR de 01/2015 a 07/2017 – 10%

Vamos analisar a diferença de juros conforme divergência jurisprudencial.

a) **Juros SELIC a partir do fato gerador em 01/2015**

- Contribuição Previdenciária devida em 01/2015 – 100.000 X 25% = 25.000

- Juros de 01/2015 a 07/2017 – 25.000 x 20% = 5.000

- **Contribuição atualizada em 07/2017 – 25.000 + 5.000 = 30.000**

b) **Atualização do crédito trabalhista para posterior cálculo da contribuição previdenciária**

- Atualização do crédito trabalhista pela TR de 01/2015 a 07/2017 – 100.000 X 10% = 10.000

- Crédito trabalhista atualizado em 07/2017 – 100.000 + 10.000 = 110.000

- **Contribuição previdenciária cobrada em 07/2017 – 110.000 x 25% = 27.500**

Percebe-se no exemplo ilustrativo, que calculando o crédito previdenciário em 01/2015 e atualizando-o pela SELIC chega-se a um valor maior que quando se atualiza o crédito trabalhista pela TR e só depois calcula o crédito previdenciário. Por isso é muito relevante saber a forma de cálculo de juros que deve ser aplicada aos processos trabalhistas.

Como acreditamos que o fato gerador é o trabalho, os juros devem retroagir, sendo cobrados a partir do mês de prestação do serviço com a taxa SELIC. Se assim não fosse, haveria locupletamento por parte do devedor, que deixou de pagar os créditos previdenciários em data correta.

O professor Fábio Zambitte Ibrahim compartilha da mesma opinião:

> Pessoalmente, não vejo amparo legal para esta concepção, pois não há qualquer dispositivo legal que preveja a sentença como fato gerador de contribuição previdenciária. A atribuição de competência à Justiça do Trabalho para executar tais exações não tem o condão de postergar o fato imponível, sob pena mesmo de beneficiar os empregadores que pagaram a destempo a contribuição social devida[21].

A jurisprudência, todavia, era bastante oscilante no que tange a este tema. Vejamos:

> AGRAVO DE INSTRUMENTO EM RECURSO DE REVISTA EXECUÇÃO CONTRIBUIÇÃO PREVIDENCIÁRIA. Restou consignado no *decisum* não prosperar a pretensão da agravante para que sejam cobrados multa moratória e juros pela taxa SELIC a partir das competências dos meses da prestação dos serviços, porque não houve atraso a ser imputado a executada, uma vez que, citada para pagamento, efetuou o depósito da quantia correspondente ao total do crédito trabalhista. Logo, essa decisão não ofende os dispositivos constitucionais indicados. O recurso de revista em processo de execução somente é cabível quando evidenciada ofensa direta e literal a dispositivo constitucional, nos termos do art. 896, § 2º, da CLT e da Súmula n. 266 do TST, o que não ocorreu na hipótese. (AIRR-681/2002-076-15-4, Rel. Min. Vieira de Mello Filho DJ 31.10.2008)

> PROC. N. TST-RR-721/2006-051-12-00.0

> (...)

---

(21) IBRAHIM, Fábio Zambitte. *Curso de direito previdenciário.* 15. ed. Rio de Janeiro: Impetus, 2010. p. 763.

b) FATO GERADOR DA CONTRIBUIÇÃO PREVIDENCIÁRIA PARA EFEITO DE IN-
CIDÊNCIA DE JUROS DE MORA E MULTA

Tese Regional: O fato gerador da contribuição previdenciária não é propriamente o pagamento do salário, mas, sim, a prestação do serviço pelo empregado. Assim sendo, as contribuições sociais incidentes sobre o crédito trabalhista reconhecido em juízo, porquanto em atraso, ficam sujeitas à multa e aos juros equivalentes à taxa referencial SELIC, a teor dos arts. 22 e 34 da Lei n. 8.212/91 (fls. 157-159).

O pleno do TST, no entanto, no julgamento do Recurso de Revista 1125-36.2010.5.06.0171, em 20/10/2015, entendeu que a partir da Lei 11.941/2009, de 27/05/2009 (conversão da MP 449, de 03/12/2008), que alterou o art. 43, da Lei 8.212, o fato gerador da contribuição previdenciária é a prestação de serviços. Como consequência, os juros SELIC deveriam ser cobrados a partir da prestação de serviço pela empresa, tendendo a pacificar a questão.

Vejamos o trecho do acordão que trata da incidência dos juros:

> RECURSO DE EMBARGOS. INTERPOSIÇÃO NA VIGÊNCIA DA LEI N. 11.496/2007. MATÉRIA AFETA AO TRIBUNAL PLENO. CONTRIBUIÇÃO PREVIDENCIÁRIA. FATO GERADOR. INCIDÊNCIA DE MULTA E JUROS DA MORA. 11. Entretanto, a nova redação do § 3º do art. 43 da Lei n. 8.212/91 utilizou a expressão "acréscimos legais moratórios", indo, portanto, além da contribuição previdenciária em valores atualizados, para abranger os juros da mora correspondentes à utilização do capital alheio, ou seja, para remuneração do tempo em que a empresa deixou de verter para o sistema previdenciário as contribuições devidas, utilizando os valores devidos em proveito próprio. 11. Pela atualização monetária das contribuições respondem trabalhador e empresa, contribuintes do sistema e sem prejuízo para o trabalhador, que por sua vez receberá o crédito igualmente atualizado. 12. Pelos juros incidentes sobre as contribuições, no entanto, responde apenas a empresa, não sendo justo e nem cabível que por eles pague quem não se utilizou de um capital sobre o qual incidem as contribuições previdenciárias. 13. Quanto à multa, ao contrário da atualização monetária para recomposição do valor da moeda e dos juros, pela utilização do capital alheio, é uma penalidade destinada a compelir o devedor à satisfação da obrigação a partir do seu reconhecimento, pelo que não incide retroativamente à prestação de serviços, e sim a partir do exaurimento do prazo da citação para o pagamento, uma vez apurados os créditos previdenciários, nos termos do art. 61, § 1º, da Lei n. 9.430/96, c/c art. 43, § 3º, da Lei n. 8.212/91, observado o limite legal de 20% previsto no art.61, § 2º, da Lei n. 9.430/96. Recurso de embargos conhecido, por divergência jurisprudencial, e parcialmente provido.

Percebe-se que no item 12 do acordão transcrito, o TST decidiu que os juros SELIC só devem ser arcados pela empresa, pois o segurado, que terá também o valor do seu crédito previdenciário atualizado, não deve suportar o custo financeiro de um recurso que não recebeu no passado.

3.4. Decadência das contribuições previdenciárias — ocorrência no processo do trabalho

O prazo decadencial para exigência das contribuições previdenciárias sofreu forte alteração. De acordo com a redação do art. 45, da Lei n. 8.212/91 (já revogado pela LC 128/08), o direito de a Seguridade Social apurar e constituir seus créditos extinguia-se após 10 anos, contados:

> I — do primeiro dia do exercício seguinte àquele em que o crédito poderia ter sido constituído;
>
> II — da data em que se tornar definitiva a decisão que houver anulado, por vício formal, a constituição de crédito anteriormente efetuada.

O prazo de decadência previdenciária de 10 anos, previsto no art. 45, da Lei n. 8.212/91, sempre foi objeto de inúmeros questionamentos. Isso porque o art. 146, inciso III, alínea b, da Constituição Federal dispõe que cabe à lei complementar estabelecer normas gerais em matéria de legislação tributária, especialmente sobre obrigação, lançamento, crédito, **prescrição e decadência de tributos**.

A Lei n. 8.212/91 não é uma lei complementar, mas ordinária. A doutrina majoritária, a partir de determinado momento, passou a entender que o prazo aplicável deveria ser o do art. 173, do Código Tributário Nacional — CTN, que tem *status* de lei complementar, definido em cinco anos, contados da mesma forma.

No âmbito dos tribunais, existiam, predominantemente, três posicionamentos acerca do tema, em relação ao prazo de 10 anos previsto no art. 45 da Lei n. 8.212/91:

> **1) Inconstitucional** — afronta diretamente o texto constitucional do art. 146, III, b, que dispõe que cabe à lei complementar estabelecer normas gerais de legislação tributária, especificamente sobre prescrição e decadência;
>
> **2) Constitucional** — "prazo" não é norma geral de Direito Tributário. Neste caso, quando a Constituição delegou à lei complementar a missão de tratar de normais gerais de prescrição e decadência, o que deveria ficar restrito a este instrumento normativo seria a forma de contagem de prazo, podendo a definição do prazo ser feita por lei ordinária;
>
> **3) Constitucional** — o prazo de cinco anos previsto no CTN deve prevalecer para a decadência, mas este prazo somente começaria a correr após a homologação tácita. Assim, o Fisco teria o prazo de 5 anos depois da ocorrência do fato gerador para lançar o tributo, após o qual se daria a homologação tácita, iniciando-se o prazo de 5 anos para a decadência do direito de exigir o tributo. Na prática, de acordo com este posicionamento, o prazo decadencial seria de 10 anos (5 para a homologação tácita + 5 para a decadência).

Sempre defendemos o primeiro posicionamento, por entendermos que os argumentos que consideram constitucional o prazo não são convincentes, procurando apenas preservar os créditos tributários já constituídos. Prescrição e decadência são justamente os **prazos** para o exercício dos direitos de cobrar e de lançar o crédito tributário.

Até meados de 2008, diversas decisões da Corte Especial do Superior Tribunal de Justiça — STJ pacificaram o entendimento sobre a inconstitucionalidade do prazo decadencial de 10 anos definido no art. 45 da Lei n. 8.212/91. As decisões, contudo, somente tiveram eficácia *inter partes*.

O STF nunca havia se manifestado sobre essa questão, até que, em junho de 2008, julgou diversos Recursos Extraordinários, posicionando-se no sentido de que o prazo decadencial de 10 anos, que estava previsto na Lei n. 8.212/91, é inconstitucional, devendo prevalecer o prazo de 5 anos do Código Tributário Nacional. Estes julgamentos culminaram na edição da Súmula Vinculante 8, de 12.06.2008, com a seguinte redação:

> São inconstitucionais o parágrafo único do art. 5º do Decreto-lei n. 1.569/1977 e os artigos 45 e 46 da Lei n. 8.212/1991, que tratam de prescrição e decadência de crédito tributário.

Nota-se que as súmulas vinculantes são de aplicação obrigatória a toda estrutura judiciária, assim como à própria Administração Pública direta ou indireta, da União, dos Estados, do Distrito Federal e dos Municípios (art. 103-A, CF/1988).

Assim, na prática, a Receita Federal passou a exigir as contribuições previdenciárias, considerando o prazo decadencial de 5 anos para constituir seus créditos. Dessa forma, o direito de a Seguridade Social apurar e constituir seus créditos extingue-se após 5 anos, contados:

> I — do primeiro dia do exercício seguinte àquele em que o crédito poderia ter sido constituído;
>
> II — da data em que se tornar definitiva a decisão que houver anulado, por vício formal, a constituição de crédito anteriormente efetuada.

À constituição do crédito tributário cabe seguir algumas formalidades. Enumeramos algumas informações que devem constar do lançamento:

> 1) A identificação do sujeito passivo;
>
> 2) A descrição dos fatos e a base de cálculo;
>
> 3) O montante da contribuição;
>
> 4) O nome, o cargo, o número de matrícula e a assinatura do Auditor-Fiscal;
>
> 5) A competência a que o lançamento se refere.

Havendo erro no preenchimento de alguma dessas informações, ocorre o vício formal, e o crédito deve ser anulado. A decadência será contada a partir da data em que se tornar definitiva a decisão da anulação.

De toda forma, passados estes 5 anos, a Previdência Social não pode mais exigir o recolhimento de valores. Por isso, muitas empresas costumam aguardar, durante o prazo decadencial, para requerer Certidão Negativa de Débito para baixa da empresa ou para averbação de obra de construção civil.

Esta forma de contagem de prazo, prevista no art. 173, do CTN (primeiro dia do exercício seguinte...), é aplicável apenas ao lançamento de ofício do crédito tributário. Caso o lançamento do tributo seja efetuado por homologação, o prazo de 5 anos deve ser contado a partir da ocorrência do fato gerador, de acordo com o art. 150, § 4º, do CTN. Assim, expirado o prazo de 5 anos sem que a Fazenda Pública se tenha pronunciado, considera--se homologado o lançamento, e definitivamente extinto o crédito, salvo se comprovada a ocorrência de dolo, fraude ou simulação.

Nota-se que o tributo previdenciário é lançado por homologação, vez que o contribuinte declara o valor na GFIP e efetua o recolhimento das contribuições previdenciárias, ficando, este, sujeito à conferência posterior do Fisco. Assim, se o contribuinte efetuou o pagamento das contribuições de determinado mês, mesmo de forma inexata, o prazo decadencial de 5 anos deve iniciar-se a partir do fato gerador.

E no âmbito da execução das contribuições previdenciárias na Justiça do Trabalho, há de se falar em ocorrência da decadência?

Essa pergunta é bastante complexa e nos remete à sempre presente discussão acerca do fato gerador da contribuição previdenciária. Se considerarmos o fato gerador da contribuição previdenciária o pagamento, jamais haveria ocorrência de decadência, vez que o crédito seria constituído ao mesmo tempo de sua liquidação. Vimos que os que defendem esta tese costumam executar os juros, a partir da data fixada pela sentença para o pagamento do crédito.

Por outro lado, se considerarmos o fato gerador da contribuição previdenciária o trabalho, os juros devem ser cobrados a partir da prestação de serviço, e, por coerência, devemos entender que o prazo decadencial começa a correr a partir do mês de prestação do serviço.

Observa-se que, com o entendimento de que o fato gerador da contribuição previdenciária é o trabalho (por nós adotado), muitos créditos oriundos das sentenças trabalhistas estariam integralmente decadentes no momento da execução. Se, por exemplo, o julgamento de uma lide em primeira instância tardasse mais de 5 anos, certamente todos os créditos previdenciários seriam tragados pela decadência.

Ora, o Estado independe da Justiça do Trabalho para constituir os seus créditos. Sendo assim, as ações laborais não têm o condão de alterar a forma de contagem do prazo decadencial, sendo aplicável o art. 150, § 4º, do CTN, devendo o prazo ser contado, em regra, a partir da ocorrência do fato gerador.

Exemplificando: digamos que um empregado ajuíze ação trabalhista contra o seu ex-empregador, alegando que recebia, durante o vínculo laboral, valor inferior ao piso salarial definido em convenção coletiva. Durante o trâmite do processo, a empregadora sofreu uma fiscalização da Receita Federal do Brasil em que foi constatado o fato narrado. O auditor, valendo-se do art. 28 da Lei n. 8.212/91, apurou os créditos previdenciários com base no valor do piso salarial, desprezando o valor efetivamente pago. Vejamos a autorização normativa para este procedimento:

> Art. 28, § 3º, da Lei n. 8.212/91
>
> O limite mínimo do salário de contribuição corresponde ao piso salarial, legal ou normativo, da categoria ou, inexistindo este, ao salário mínimo, tomado no seu valor mensal, diário ou horário, conforme o ajustado e o tempo de trabalho efetivo durante o mês.

Salienta-se que a definição da base de cálculo da contribuição previdenciária, por si só, já autoriza o Fisco a cobrar a contribuição previdenciária com base nas parcelas devidas, caso sejam diferentes das efetivamente pagas.

Lei n. 8.212/91, art. 28. Entende-se por salário de contribuição:

> I — para o empregado e trabalhador avulso: a remuneração auferida em uma ou mais empresas, assim entendida a totalidade dos rendimentos **pagos, devidos ou creditados** a qualquer título, durante o mês, destinados a retribuir o trabalho, qualquer que seja a sua forma, inclusive as gorjetas, os ganhos habituais sob a forma de utilidades e os adiantamentos decorrentes de reajuste salarial, quer pelos serviços efetivamente prestados, quer pelo tempo à disposição do empregador ou tomador de serviços nos termos da lei ou do contrato ou, ainda, de convenção ou acordo coletivo de trabalho ou sentença normativa; (grifo nosso)

A Procuradoria-Geral da União, muito embora venha defendendo sistematicamente que os juros devam ser executados a partir do fato gerador, de forma absolutamente incoerente, tem entendido que o prazo decadencial é iniciado a partir da fixação da data para liquidação do crédito.

Consideramos que o fato gerador da contribuição previdenciária é sempre a prestação do serviço, seja para o início da contagem decadencial, seja para a incidência dos juros moratórios.

Salienta-se, mais uma vez, que a contribuição previdenciária é um tributo lançado, em regra, por homologação, pois o contribuinte deve declarar os valores devidos ao Fisco, por meio do preenchimento da GFIP, ficando os valores lançados sujeitos à homologação por parte do órgão arrecadador (art. 150, § 4º, do CTN). Assim, em geral, o prazo decadencial para cobrança das contribuições previdenciárias nas ações trabalhistas deve ser contado a partir da ocorrência do fato gerador.

Não se pode, todavia, considerar que haja homologação tácita de lançamento de contribuição previdenciária quando os valores devidos sequer tenham sido declarados em GFIP. Constituindo tal declaração o próprio lançamento, se esta não for feita, tem-se que o crédito tributário não é lançado e, por consequência, não há de se falar em homologação tácita. Então, para as contribuições previdenciárias decorrentes de créditos trabalhistas que não foram declarados ao Fisco, não se pode cogitar do lançamento por homologação e da aplicação do prazo a partir do fato gerador.

Resta então considerar que, nessa situação, para a constituição do crédito tributário, deve ser utilizado o lançamento de ofício, vez que, como já explicitado, não houve lançamento por homologação e, conforme o art. 173, I, do CTN, o prazo decadencial de 5 anos deve ser contado a partir do primeiro dia do exercício seguinte ao qual o lançamento poderia ter sido efetuado. Isso ocorreria, por exemplo, nos casos em que o contribuinte não entrega o documento declaratório (GFIP), não havendo qualquer valor a ser homologado pelo Fisco.

Assim, o marco inicial da contagem do prazo decadencial nas ações trabalhistas deve ser o fato gerador, exceto quando a matéria discutida na Justiça do Trabalho for decorrente de uma situação em que o tributo não se sujeitou à homologação pelo Fisco, devido à intenção deliberada por parte do contribuinte de tentar esconder da entidade fiscalizadora a ocorrência do fato gerador, situação esta que levaria à utilização, como marco inicial, do primeiro dia do exercício seguinte à ocorrência do fato gerador (art. 173, I, do CTN).

Deve ser ressaltado, ainda, que o STJ tem sustentado que, mesmo na hipótese de o empregador não declarar a totalidade da contribuição previdenciária devida, poderia haver lançamento por homologação, se este tivesse agido de boa-fé. Assim, aplicando-se analogicamente o entendimento do STJ à Justiça do Trabalho, na situação em que o contribuinte, de boa-fé, declarou e pagou a contribuição previdenciária que entendia devida, relacionada à remuneração pelo trabalho de determinado empregado, e que, posteriormente, é surpreendido com uma demanda trabalhista em que se discutem fatos geradores não evidentes e que, obviamente, de acordo com o princípio da boa-fé objetiva, não se poderia exigir do contribuinte médio que se conhecesse antecipadamente aquela situação, o marco inicial para a contagem que deve ser utilizado é o fato gerador, pois teria havido homologação tácita do lançamento (art. 150, § 4º, do CTN).

Como exemplo dessa situação, poderíamos citar a discussão de horas extras que foram decididas com base em prova testemunhal ou a sentença que reconheceu valor devido, em decorrência de equiparação salarial, ou, ainda, a condenação em pagamento de parcelas devido à aplicação de convenção coletiva diversa da que o empregador entendia ser aplicável.

Entendemos, no entanto, que, diferente do quanto sustentado pelo STJ, não existem erros escusáveis, não se podendo chancelar a atitude do empregador que deixa de conceder direitos trabalhistas ao trabalhador. Ademais, o entendimento da Corte Superior traz enorme insegurança jurídica, introduzindo critério extremamente subjetivo de análise do que seja erro escusável ou não do contribuinte. Dessa forma, acreditamos que o lançamento por homologação somente ocorre em relação aos valores efetivamente declarados em GFIP.

No processo trabalhista, todavia, na maioria das vezes não é possível identificar se o fato gerador foi ou não declarado previamente. Dessa forma, entendemos que o prazo de decadência deve ser contado a partir do fato gerador (ou seja, a prestação de serviço), pois no Direito Tributário, na dúvida deve prevalecer a melhor interpretação para o contribuinte.

Por isso, defendemos que o prazo que deve ser utilizado para declaração da decadência na justiça do trabalho é o estabelecido no art. 150, § 4º, do CTN, ou seja, de 5 anos contados do fato gerador, que é a prestação de serviço. Assim, podemos afirmar que ocorre a decadência das contribuições previdenciárias dos créditos que se distanciarem mais de 5 anos da data da sentença do juiz.

Outra questão bastante relevante quando falamos em decadência das contribuições previdenciárias executadas na Justiça do Trabalho é a relacionada ao marco final da contagem deste prazo.

Sabe-se que o objetivo da decadência é o de privilegiar a segurança jurídica, evitando-se que se imponham obrigações eternas a devedores que não tiveram os seus débitos exigidos por longo período pelos respectivos credores. A partir do momento que o crédito passa a ser exigido, não há mais de se falar em decadência.

Há quem entenda que a contagem decadencial é encerrada com a sentença inicial de conhecimento. Outra corrente defende que o marco final do prazo é a decisão que homologa os cálculos da liquidação ou a sentença, quando esta for líquida.

Os que entendem que a decadência só deixa de ser contada a partir da decisão que homologa os cálculos da liquidação, baseiam-se no fato de que o lançamento, de acordo com o art. 142 do CTN é o ato em que a autoridade administrativa constitui o crédito tributário mediante o procedimento administrativo tendente a verificar a ocorrência do fato gerador da obrigação correspondente, determinar a matéria tributável, **calcular o montante do tributo devido**, identificar o sujeito passivo e, sendo caso, propor a aplicação da penalidade cabível.

Como, para que o lançamento seja efetuado pela autoridade administrativa, é exigido o cálculo do montante devido, analogicamente, os seguidores desta corrente argumentam que o momento em que o montante do tributo devido é conhecido é na decisão que homologa os cálculos.

Apesar de reconhecermos como bastante coerente esta construção analógica, não entendemos que ela reflita o melhor posicionamento sobre a matéria.

Afirmamos isso devido ao fato de que a Constituição Federal atribuiu competência aos Juízes do Trabalho para executarem de ofício as contribuições previdenciárias decorrentes das sentenças que proferirem. Assim, uma vez proferida a sentença de conhecimento em primeiro grau, é atraída a competência relativa à execução das contribuições, que serão apuradas em momento posterior.

Adotando esse raciocínio, podemos facilmente concluir que, uma vez prolatada a sentença de primeira instância, o Fisco deixa de ter o direito de constituir os créditos previdenciários decorrentes daquela decisão, já que teria havido uma "prevenção" do Juízo, relativa à matéria da execução das contribuições.

Ora, se a autoridade fiscal não pode mais efetuar a cobrança das contribuições previdenciárias, a partir da sentença de primeira instância, como poderíamos imaginar que a decadência continua a correr até a decisão que homologa os cálculos?

Observa-se que, se o marco final fosse a decisão que homologa os cálculos, entre a sentença de primeira instância e tal decisão, haveria um vácuo em que o crédito não poderia ser exigido pelo Fisco e também ainda não estaria apto a ser exigido pela Justiça do Trabalho. Este raciocínio é falho, não podendo a decadência continuar correndo, sem que o credor tenha mais o direito de exigir o seu crédito.

Dessa forma, torna-se evidente que o marco final da decadência é a data de publicação da sentença de conhecimento de primeira instância. Para reforçar ainda mais esta tese, lembramos que o art. 173, parágrafo único, do CTN dispõe que a decadência é extinta por qualquer ato preparatório indispensável ao lançamento. Assim, a sentença de conhecimento não líquida pode ser equiparada a um ato preparatório para a cobrança da contribuição devida.

Em síntese: no processo trabalhista, o juiz só deve executar as contribuições previdenciárias devidas nos cinco anos anteriores da data da publicação da sentença de primeira instância. Os fatos geradores anteriores a este período estão decaídos.

3.5. *Incompetência para execução das contribuições de terceiros*

A Constituição Federal, no seu art. 240, dispõe que é possível instituir a cobrança de contribuições compulsórias dos empregadores sobre a folha de salários, destinada às entidades privadas de serviço social e de formação profissional vinculadas, ao sistema sindical.

Já o art. 212, § 5º, da Constituição menciona a contribuição social do salário-educação como fonte de financiamento adicional para o ensino fundamental público.

Todas estas contribuições são chamadas de contribuições para outras entidades e outros fundos, conhecidas também como contribuições para terceiros.

A contribuição para "terceiros" é incidente sobre as remunerações pagas ou creditadas aos empregados e segurados avulsos que prestem serviços à empresa. Estas entidades, entre outras, são:

- FNDE — Fundo Nacional de Desenvolvimento da Educação (salário-educação);
- INCRA — Instituto Nacional de Colonização e Reforma Agrária;
- SESI — Serviço Social da Indústria;
- SENAC — Serviço Nacional de Aprendizagem Comercial;
- SESC — Serviço Social do Comércio;
- SEBRAE — Serviço Brasileiro de Apoio às Micro e Pequenas Empresas;
- SENAT — Serviço Nacional de Aprendizagem do Transporte;
- SEST — Serviço Social do Transporte;
- SESCOOP — Serviço Social das Cooperativas;
- SENAR — Serviço Nacional de Aprendizagem Rural;
- DPC — Diretoria de Portos e Costas;
- Fundo Aeroviário.

Como a maioria destas entidades inicia as suas siglas com a letra "S", é bastante comum chamar popularmente estas instituições de Sistema "S".

Atenta-se para o fato de que estas contribuições não são receitas da Seguridade Social e, muito menos, da Previdência Social. Ocorre que, como é utilizada a mesma base de cálculo das contribuições destinadas à Previdência Social, a SRFB recebeu a missão legal de arrecadar, fiscalizar e cobrar estas contribuições, repassando-as, posteriormente, para cada entidade (art. 3º, Lei n. 11.457/07).

Por este serviço, a Previdência Social é remunerada com o percentual de 3,5% do montante arrecadado, exceto sobre o salário-educação (FNDE), cujo percentual destinado à previdência é de 1%. Esta remuneração será creditada ao Fundo Especial de Desenvolvimento e Aperfeiçoamento das Atividades de Fiscalização — FUNDAF, instituído pelo Decreto-Lei n. 1.437, de 17.12.1975 (art. 3º, § 4º, da Lei n. 11.457/07).

Obviamente, as empresas não são obrigadas a recolher contribuições para todas as entidades e todos os fundos mencionados. Elas devem efetuar recolhimentos para os "terceiros", a depender de suas atividades. Essa relação é definida no Anexo I da IN RFB 971/09 — Tabela de Códigos FPAS (Fundo de Previdência e Assistência Social), que lista todas as atividades possíveis e o respectivo código do FPAS.

Com esse código, a empresa pode saber quais são as entidades para as quais deve efetuar recolhimento de contribuições. A listagem que relaciona o código FPAS com as entidades e respectivas alíquotas pode ser encontrada no Anexo II, da IN RFB 971/09.

As empresas de telecomunicação, por exemplo, são enquadradas no código FPAS 507, devendo, assim, contribuir com as seguintes entidades: 2,5% para o salário-educação, 0,2% para o INCRA, 1% para o SENAI, 1,5 para o SESI, 0,6% para o SEBRAE, totalizando 5,8%.

Do ponto de vista processual trabalhista, há grande polêmica a respeito da competência da Justiça do Trabalho para executar, de ofício, as contribuições destinadas aos terceiros.

Para elucidarmos essa polêmica, não podemos perder de vista o texto constitucional, que instituiu a obrigatoriedade executiva. Vejamos:

> Art. 114. Compete à Justiça do Trabalho processar e julgar:
>
> (...)
>
> VIII — a execução, de ofício, das contribuições sociais **previstas no art. 195, I, a , e II**, e seus acréscimos legais, decorrentes das sentenças que proferir; (grifo nosso)

Dessa forma, a competência executiva da Justiça do Trabalho restringe--se às contribuições sociais previstas no art. 195, I, a e II, da Constituição Federal. Com a finalidade de facilitar o entendimento, seguem os citados dispositivos:

> Art. 195. A seguridade social será financiada por toda a sociedade, de forma direta e indireta, nos termos da lei, mediante recursos provenientes dos orçamentos da União, dos Estados, do Distrito Federal e dos Municípios, e das seguintes contribuições sociais:
>
> I — do empregador, da empresa e da entidade a ela equiparada na forma da lei, incidentes sobre:
>
> a) a folha de salários e demais rendimentos do trabalho pagos ou creditados, a qualquer título, à pessoa física que lhe preste serviço, mesmo sem vínculo empregatício;
>
> II — do trabalhador e dos demais segurados da previdência social, não incidindo contribuição sobre aposentadoria e pensão concedidas pelo regime geral de previdência social de que trata o art. 201;

A simples análise do texto constitucional demonstra não ser possível a execução das contribuições destinadas aos terceiros, de ofício, pela Justiça Laboral.

Há na doutrina, no entanto, quem defenda que, em nome dos princípios da economicidade e da eficiência, as contribuições para terceiros devem ser, também, executadas na Justiça do Trabalho[22].

---

(22) CRUZ, Célio Rodrigues da. Execução das contribuições previdenciárias na justiça do trabalho. In CHAVES, Luciano Athayde; STERN, Maria de Fátima Coêlho Borges; NOGUEIRA, Fabrício Nicolau dos Santos. (Orgs.) *Ampliação da competência da justiça do trabalho*. São Paulo: LTr, 2009. p. 90.

Na mesma linha, alguns juízes costumam incluir, na execução, as contribuições destinadas a terceiros, por acreditarem que é muito simples executar também tais tributos, vez que possuem a mesma base de cálculo da contribuição previdenciária.

Acreditamos que tal entendimento não é respaldado pelo Direito, inclusive em seu aspecto filosófico. Tal raciocínio é construído sobre uma base fática, porém antijurídica.

De fato, é inconteste que seria muito fácil executar as contribuições de terceiros na Justiça do Trabalho, mas este não foi o desejo do constituinte derivado. Também seria muito fácil para a Justiça do Trabalho executar de ofício o imposto de renda incidente sobre os créditos liquidados na Justiça do Trabalho, mas esta também não foi a vontade do constituinte.

Se a distribuição de competência do Estado, tema tipicamente regulamentado pelas Constituições de todos os Estados Democráticos, pudesse ser alterada pelo juiz utilizando-se do critério da "facilidade procedimental", não precisaríamos mais do Poder Legislativo. Se assim fosse, todas as incorreções do sistema constitucional, em matéria de distribuição de competência, seriam "corrigidas", no caso concreto, pelos magistrados. Poderia, por exemplo, o magistrado federal julgar as ações contra a Autarquia Previdenciária decorrentes de acidentes de trabalho, competência esta distribuída, estranhamente, pela Constituição à Justiça Estadual.

Entendemos que decisões fundamentadas neste critério causam insegurança jurídica, pois desrespeitam a vontade popular, traduzida no Poder Constituinte.

Recentemente, esta discussão foi revigorada pela edição da Lei n. 11.457/07, que alterou o art. 876 da CLT, que trata da execução das contribuições previdenciárias. É que antes da citada Lei, a CLT utilizava, em seu art. 876, parágrafo único, ao se referir à execução na Justiça do Trabalho, a expressão "créditos previdenciários", e, após a Lei n. 11.457/07, passou a utilizar a expressão "contribuições sociais". Vejamos:

Redação anterior à Lei n. 11.457

Art. 876, CLT

Parágrafo único. Serão executados *ex officio* os **créditos previdenciários** devidos em decorrência de decisão proferida pelos Juízes e Tribunais do Trabalho, resultantes de condenação ou homologação de acordo. (Incluído pela Lei n. 10.035, de 25.10.2000) (grifo nosso)

Redação posterior à Lei n. 11.457

Art. 876, CLT

Parágrafo único. Serão executadas *ex officio* as **contribuições sociais** devidas em decorrência de decisão proferida pelos Juízes e Tribunais do Trabalho, resultantes de condenação ou homologação de acordo, inclusive sobre os salários pagos durante o período contratual reconhecido. (grifo nosso)

Alguns juízes passaram a entender que, com a alteração legislativa, tornou-se possível a execução das contribuições destinadas aos terceiros. Entendemos, todavia, que a Lei não pode alterar matéria de competência reservada à Carta Magna, devendo a interpretação do novo dispositivo ser efetuada conforme a Constituição. Assim, mesmo com o novo dispositivo, só há autorização para a execução das contribuições sociais previstas nos art. 195, I, "a" e 195, II, da Constituição Federal.

O nosso pensamento é respaldado por farta jurisprudência do TST, conforme exemplificado abaixo:

Ementa:

AGRAVO DE INSTRUMENTO — EXECUÇÃO — CONTRIBUIÇÕES SOCIAIS DEVIDAS A TERCEIROS — INCOMPETÊNCIA DA JUSTIÇA DO TRABALHO. O v. acórdão recorrido está conforme à jurisprudência iterativa do TST, no sentido de que não se inclui na competência da Justiça do Trabalho a execução das contribuições sociais devidas a terceiros. FATO GERADOR DA CONTRIBUIÇÃO PREVIDENCIÁRIA — INCIDÊNCIA DE JUROS DE MORA E MULTA. O Eg. TRT consignou que a incidência de juros de mora e multa restringe-se aos casos de ausência do efetivo recolhimento previdenciário no prazo estabelecido pelo art. 276 do Decreto n. 3.048/99. Tratando-se de processo em fase de execução, somente a demonstração inequívoca de ofensa literal e direta a preceito constitucional viabilizaria o processamento do Recurso de Revista, nos termos do § 2º do art. 896 da CLT e da Súmula n. 266 do TST, o que não ocorreu na espécie. Agravo de Instrumento a que se nega provimento. Processo: AIRR — 80/2003-662-04-40.2 Data de Julgamento: 03.06.2009, Relatora Ministra: Maria Cristina Irigoyen Peduzzi, 8ª Turma, Data de Divulgação: DEJT 05.06.2009.

Ementa:

RECURSO DE REVISTA — FASE DE EXECUÇÃO — INCOMPETÊNCIA DA JUSTIÇA DO TRABALHO — EXECUÇÃO DE CONTRIBUIÇÕES DEVIDAS A TERCEIROS. I — O art. 114, VIII, da Constituição Federal fixou a competência da Justiça do Trabalho para executar de ofício as contribuições sociais previstas no art. 195, I, -a-, e II, e seus acréscimos legais, decorrentes das sentenças que proferir. Tais dispositivos limitam a competência da Justiça do Trabalho para a execução das quotas das contribuições previdenciárias devidas pelo empregador e pelo empregado, o que exclui as contribuições devidas a terceiros. II — Tanto o é que o art. 240 da Constituição dispõe que -Ficam ressalvadas do disposto no art. 195 as atuais contribuições compulsórias dos empregadores sobre a folha de salários, destinadas às entidades privadas de serviço social e de formação profissional vinculadas ao sistema sindical-. III — Vale dizer ter o Texto Constitucional ressalvado, expressamente, do disposto no art. 195 da Constituição as contribuições a terceiros, a saber, as destinadas às entidades privadas de serviço social e de formação profissional, excluindo-as da competência do Judiciário Trabalhista. Nesse sentido precedentes desta Corte. IV — Recurso não conhecido. Processo: RR — 808/2006-001-21-00.2 Data de Julgamento: 27.05.2009, Relator Ministro: Antônio José de Barros Levenhagen, 4ª Turma, Data de Divulgação: DEJT 05.06.2009.

Como já mencionado anteriormente, as contribuições destinadas a terceiros não estão previstas no art. 195 da Constituição, não cabendo, então, a execução de ofício. Nada impede, no entanto, que tais créditos sejam liquidados voluntariamente pelo devedor, com as contribuições previdenciárias devidas, a teor do art. 878-A da CLT, vez que as contribuições para terceiros são pagas na mesma guia (GPS) dos créditos previdenciários.

> Art. 878-A, da CLT — Faculta-se ao devedor o pagamento imediato da parte que entender devida à Previdência Social, sem prejuízo da cobrança de eventuais diferenças encontradas na execução *ex officio*. (Incluído pela Lei n. 10.035, de 25.10.2000)

3.6. Execução das Contribuições dos Segurados

O art. 195 da Constituição cria, no seu inciso II, a contribuição social do trabalhador destinada à Previdência Social (*vide* art. 167, XI, da CF/88).

A necessidade de execução das contribuições dos segurados não é alvo de discussões. Existem, todavia, posições antagônicas quando a questão se refere à responsabilidade pelo custeio desse tributo.

Para alguns, o custo da contribuição previdenciária do segurado deve ser arcado pela empresa. Argumentam estes que, como a empresa é responsável pela retenção e pelo recolhimento das contribuições previdenciárias dos segurados, não tendo cumprido tal obrigação em época própria, torna-se responsável pessoal pela quantia que deixou de descontar.

Quem defende esta primeira corrente agarra-se ao texto do art. 33, § 5º, da Lei n. 8.212/91, que segue:

> Art. 33. Ao Instituto Nacional do Seguro Social — INSS compete arrecadar, fiscalizar, lançar e normatizar o recolhimento das contribuições sociais previstas nas alíneas a, b e c do parágrafo único do art. 11, bem como as contribuições incidentes a título de substituição; e à Secretaria da Receita Federal — SRF compete arrecadar, fiscalizar, lançar e normatizar o recolhimento das contribuições sociais previstas nas alíneas d e e do parágrafo único do art. 11, cabendo a ambos os órgãos, na esfera de sua competência, promover a respectiva cobrança e aplicar as sanções previstas legalmente.
>
> (...)
>
> § 5º O desconto de contribuição e de consignação legalmente autorizadas sempre se presume feito oportuna e regularmente pela empresa a isso obrigada, não lhe sendo lícito alegar omissão para se eximir do recolhimento, ficando diretamente responsável pela importância que deixou de receber ou arrecadou em desacordo com o disposto nesta Lei.

Observa-se, primeiramente, que, por força do art. 2º, da Lei n. 11.457/07, que unificou a Receita Federal e a Previdenciária, a competência para arrecadar, fiscalizar, lançar e normatizar o recolhimento das contribuições sociais foi transferida para a Secretaria da Receita Federal do Brasil, órgão criado pela citada Lei.

Seguindo, então, este dispositivo legal, têm decidido alguns juízes trabalhistas que o custo da execução das contribuições previdenciárias dos segurados deve ser arcado pela empresa, que ficou diretamente responsável pelo recolhimento.

Entendemos, contudo, que as contribuições previdenciárias dos segurados devem ser arcadas por eles próprios, não sendo razoável, em sede de execução, que este custo seja repassado à empresa.

Salienta-se que o dispositivo do § 5º, do art. 33, da Lei n. 8.212/91 deve ser interpretado tendo em vista o *caput* do dispositivo, não se podendo olvidar que esta regra se refere apenas à competência do Fisco para arrecadar e laçar as contribuições previdenciárias.

Consideramos este dispositivo essencial à atividade da fiscalização previdenciária. Sem ele, seria impossível promover o levantamento dos créditos previdenciários dos trabalhadores, pois o Fisco teria de cobrar as contribuições que deixaram de ser retidas pelas empresas de cada um dos segurados. Assim, possuindo a empresa 20.000 empregados, o Fisco teria de lavrar 20.000 autos de infração para cobrança de contribuições previdenciárias que deixaram de ser recolhidas pela empresa. Aplicando-se este dispositivo, a Receita lavra apenas um auto, em nome da empresa responsabilizada pessoalmente pelo débito.

Notem que neste exemplo a empresa pagou a seus empregados sem reter as contribuições, então, o fisco pode cobrar da empresa que deixou de fazer a retenção no momento do pagamento da remuneração. A situação encontrada nas execuções trabalhistas, todavia, é completamente diferente, pois o valor da remuneração devida ainda não foi pago pelo empregador ao empregado. No momento que o juiz condena a empresa a efetuar o pagamento ela pode descontar a parte do trabalhador no momento da quitação.

Então, no âmbito da execução das contribuições previdenciárias na Justiça Laboral, não vemos qualquer sentido na aplicação deste dispositivo, pois a apuração do quanto deve cada parte pode ser feita, sem qualquer dificuldade.

Ressalta-se que, se a empresa tivesse pagado ao trabalhador, em época própria, as parcelas posteriormente reclamadas, teria ela efetuado a devida retenção. Entendemos, então, que o repasse do custo da contribuição do segurado para a empresa gera enriquecimento ilícito do trabalhador.

Observa-se que, na fase de conhecimento, em sua inicial, o empregado pode demandar que a quantia da contribuição previdenciária, incidente sobre parcelas pagas, que a empresa deixou de descontar, seja incorporada a sua remuneração e ao seu contrato de trabalho. Entendemos que esse pedido deva ser deferido, pois o trabalhador incorporou ao contrato de trabalho o direito de não sofrer retenção de contribuição previdenciária sobre as parcelas que a empresa, por liberalidade, deixou de reter.

Outro argumento utilizado pelos reclamantes, para tentar repassar os custos previdenciários dos segurados para o tomador dos serviços, é o de que a ausência de recolhimento em época própria ocasionaria prejuízo para o trabalhador, vez que o valor executado é corrigido pela SELIC.

Nota-se, todavia, que a finalidade da atualização é a de recompor o valor histórico do débito. A taxa SELIC, por ser uma taxa de juros simples — não incorrendo o fenômeno da capitalização (juros sobre juros) —, traz uma curiosa consequência: a longo prazo, ela se torna uma taxa menor que as taxas capitalizáveis, e a curto prazo, ele é bem mais onerosa.

Partindo da premissa de que nem sempre a SELIC se torna mais onerosa que a atualização do próprio crédito recebido pelo segurado, e que os possíveis prejuízos sofridos pelo trabalhador podem ser alvo de pedido de indenização específica com esta causa de pedir, não vemos qualquer razão para que o empregador fique onerado com o pagamento integral das contribuições que cabem aos trabalhadores. O que deve ser deferido é o eventual prejuízo causado ao empregado pela utilização da taxa SELIC, se restar de fato comprovado nos autos.

Não conseguimos enxergar razoabilidade no entendimento de que o empregador deve pagar ao empregado o crédito corrigido e, ainda, as suas contribuições previdenciárias atualizadas. Nota-se que o recebimento de um crédito atualizado deve impor também o pagamento do débito corrigido.

3.7. *Execução das contribuições decorrentes dos acordos homologados na justiça do trabalho*

Não há qualquer dúvida de que os acordos homologados pela Justiça Trabalhista devam se submeter à execução de ofício das contribuições previdenciárias. Há polêmica, no entanto, no que pertine à base de cálculo da execução, principalmente em relação aos itens enumerados a seguir:

a) Necessidade de discriminação das parcelas incidentes de contribuição previdenciária

De acordo com o art. 832, § 3º, da CLT:

as decisões cognitivas ou homologatórias deverão sempre indicar a natureza jurídica das parcelas constantes da condenação ou do acordo homologado, inclusive o limite de responsabilidade de cada parte pelo recolhimento da contribuição previdenciária, se for o caso.

A União deve ser intimada pessoalmente das decisões homologatórias de acordos que contenham parcela indenizatória, facultada a interposição de recurso relativo aos tributos que lhe forem devidos.

Quando da intimação da sentença, a União pode interpor recurso sempre que discordar dos valores referentes à discriminação das parcelas.

O Regulamento da Previdência Social (RPS), aprovado pelo Decreto 3.048/99, ao regulamentar a matéria, em seu art. 276, dispõe que, "nos acordos homologados em que não figurarem, discriminadamente, as parcelas legais de incidência da contribuição previdenciária, esta incidirá sobre o valor total do acordo homologado". Para esta finalidade, não se considera como discriminação de parcelas legais de incidência de contribuição previdenciária a fixação de percentual de verbas remuneratórias e indenizatórias constantes dos acordos homologados.

Este dispositivo, que há muito tempo consta no RPS, foi introduzido no art. 43, §1º, da Lei n. 8.212/91, pela Medida Provisória 449/08, convertida na Lei n. 11.941/09. Nele, está também expresso que, "nas sentenças judiciais ou nos acordos homologados em que não figurarem, discriminadamente, as parcelas legais relativas às contribuições sociais, estas incidirão sobre o valor total apurado em liquidação de sentença ou sobre o valor do acordo homologado".

Observa-se que esse novo dispositivo já está sendo aplicado pelo Tribunal Superior do Trabalho, como comprova a transcrição de ementa que segue:

Ementa:

RECURSO DE REVISTA. UNIÃO. DECISÃO HOMOLOGATÓRIA DE ACORDO SEM RECONHECIMENTO DE VÍNCULO EMPREGATÍCIO. AUSÊNCIA DE DISCRIMI-NAÇÃO. CONTRIBUIÇÃO PREVIDENCIÁRIA. INCIDÊNCIA SOBRE O VALOR TOTAL ACORDADO. PROVIMENTO.

Conforme prevê o § 1º do art. 43 da Lei n. 8.212/91, é necessária a discriminação das parcelas constantes do acordo homologado em juízo, com indicação de sua natureza jurídica, para efeito de contribuição previdenciária. Dessarte, na ausência dessa discriminação, deverá a contribuição incidir sobre o valor total acordado, ainda que, na transação, não haja reconhecimento do vínculo empregatício, nos termos da Orientação Jurisprudencial n. 368 da SBDI-1 desta Corte. **Recurso de revista conhecido e provido.**

Processo: RR — 3300-17.2009.5.02.0052 **Data de Julgamento:** 24.03.2010, **Relatora Ministra:** Dora Maria da Costa, 8ª Turma, **Data de Divulgação:** DEJT 30.03.2010.

b) Execução dos acordos homologados após sentença

Um tema que tem sido alvo de diversas e recentes alterações legislativas é o que se refere à execução dos acordos homologados após a publicação da sentença.

De acordo com o art. 832, § 6º, da CLT, incluído pela Lei n. 11.457/07, "o acordo celebrado após o trânsito em julgado da sentença ou após a elaboração dos cálculos de liquidação de sentença não prejudicará os créditos da União".

Assim, interpretando esse dispositivo, muitos Juízes Trabalhistas vinham executando as contribuições previdenciárias decorrentes de acordos homologados posteriormente ao trânsito em julgado da sentença ou à homologação dos cálculos de liquidação, com base nos valores definidos na liquidação.

Com a Medida Provisória 449, de 04.12.2008, que acrescentou o § 5º ao art. 43, da Lei n. 8.212/91, esta discussão ganhou mais fôlego. É que o citado parágrafo, no mesmo sentido da CLT, dispunha:

> § 5º O acordo celebrado após ter sido proferida decisão de mérito não prejudicará ou de qualquer forma afetará o valor e a execução das contribuições dela decorrentes.

Ocorre que, quando da conversão da Medida Provisória na Lei n. 11.941, de 27.05.2009, o texto foi alterado para o sentido diametralmente oposto. Vejamos a nova redação do art. 43, § 5º, da Lei n. 8.212/91:

> § 5º Na hipótese de acordo celebrado após ter sido proferida decisão de mérito, a contribuição será calculada com base no valor do acordo.

Assim, "aparentemente", depois da publicação da Lei n. 11.941, de 27.05.2009, a execução das contribuições previdenciárias oriundas de acordos homologados após a sentença deve ser efetuada com base na discriminação das parcelas do acordo.

Utilizamos a palavra "aparentemente" porque, mesmo depois desta relevante alteração, que demonstra a clara opção do legislador por beneficiar as convenções privadas em detrimento dos créditos tributários de natureza pública, a matéria não foi pacificada.

Parte dos magistrados, apoiando-se no argumento de que o texto da CLT não foi revogado, continua aplicando o entendimento de que os acordos posteriores à liquidação não são relevantes para a apuração dos créditos previdenciários.

Apesar de considerarmos nobre o desejo de resguardar os créditos públicos, acreditamos que este argumento é bastante frágil. Isso porque, sendo a Lei n. 11.941, uma lei federal posterior, tem ela o condão de revogar todas as disposições federais anteriores que tratem do mesmo tema. Dessa forma, entendemos que a CLT foi revogada tacitamente, a não ser que se declare inconstitucional o disposto na nova legislação.

E, de fato, entendemos que o dispositivo trazido pela Lei n. 8.212/91 é flagrantemente inconstitucional. Observa-se que o fato gerador da contribuição previdenciária trazido pelo art. 195, I, "a", e 195, II, da Constituição Federal é o trabalho, e a base de cálculo é o valor ajustado e devido como contraprestação pelo trabalho já realizado, como já comentado exaustivamente no tópico 1.4 desta obra. Transmudar por via de lei ordinária o fato gerador e a base de cálculo definidos na Constituição, com certeza, não é juridicamente permitido. Como seria possível se atribuir à vontade das partes a definição da base de cálculo da tributação, mesmo após o crédito tributário já ter sido constituído pela sentença do juiz?

Ao tratarmos da decadência das contribuições previdenciárias na execução trabalhista, comentamos que a sentença do juiz tem o condão de constituir o crédito tributário e obstar a decadência. Não podemos admitir, neste mesmo sentido, que um fato posterior à constituição deste crédito possa alterar o valor da execução.

Sobre essa matéria, a jurisprudência está longe de ser pacificada. Nota--se que, mesmo após a edição da Lei n. 11.941/09, o TST continuou apresentando divergentes decisões sobre o tema, conforme demonstram as ementas abaixo colacionadas:

Ementa:

AGRAVO DE INSTRUMENTO. RECURSO DE REVISTA. EXECUÇÃO. INSS. CONTRIBUIÇÃO PREVIDENCIÁRIA. ACORDO APÓS A SENTENÇA. POSSIBILIDADE. Tendo o Regional consignado que o valor relativo à contribuição previdenciária deveria incidir sobre o acordo homologado, uma vez que a legislação trabalhista privilegia a conciliação em qualquer fase processual, não há que se falar em reforma da decisão recorrida, porque em sintonia com a jurisprudência desta Corte. **Agravo de instrumento conhecido e não provido.**

Processo: AIRR — 333640-98.2005.5.15.0131 **Data de Julgamento:** 11.06.2008, **Relatora Ministra:** Dora Maria da Costa, 8ª Turma, **Data de Publicação: DJ** 13.06.2008.

Ementa:

AGRAVO DE INSTRUMENTO. Ante a provável ofensa ao art. 195, inc. I, alínea -a-, da Constituição da República, dá-se provimento ao Agravo de Instrumento para determinar o processamento do Recurso de Revista. **RECURSO DE REVISTA. ACORDO CELEBRADO APÓS O TRÂNSITO EM JULGADO DA DECISÃO. FATO GERADOR DA CONTRIBUIÇÃO PREVIDENCIÁRIA.** O acordo celebrado após o trânsito em julgado da sentença não resulta em afronta à coisa julgada. O processo trabalhista é regido pelo princípio da conciliação, presente no art. 764 da CLT. Assim, a conciliação celebrada na fase de execução substitui a sentença de conhecimento, constituindo-se em novo título executivo, devendo incidir **contribuição previdenciária** sobre os valores objeto de acordo homologado, excetuadas as parcelas de natureza indenizatória, consoante preconiza a Súmula 368, item I, desta Corte. Recurso de Revista de que se conhece e a que se dá provimento. (grifo nosso)

Processo: RR — 161440-16.2003.5.04.0211 **Data de Julgamento:** 01.10.2008, **Relator Ministro:** João Batista Brito Pereira, 5ª Turma, **Data de Divulgação: DEJT** 17.10.2008.

Ementa:

RECURSO DE REVISTA. CONTRIBUIÇÕES PREVIDENCIÁRIAS. TRANSAÇÃO JUDICIAL. AUSÊNCIA DE RECONHECIMENTO DE RELAÇÃO DE EMPREGO. BASE DE INCIDÊNCIA. 1. A liberdade de transação não pode superar preceitos imperativos e de ordem pública. Há regramento (inscrito na Constituição Federal e na legislação ordinária) que disciplina as contribuições previdenciárias — normas que não se sujeitam à vontade das partes, quando celebram negócio jurídico. 2. Embora caiba aos litigantes o juízo da oportunidade e da composição de acordo, não poderão firmá-lo de maneira a eximir-se das contribuições previdenciárias, segundo os contornos da Lei. 3. Afastada, em acordo judicial, a existência de vínculo empregatício, o relacionamento assume o formato de prestação de serviços típica, atraindo a incidência de contribuições previdenciárias sobre o total do valor ajustado, conforme determinam os arts. 195, I, -a-, da Constituição Federal e 43, parágrafo único, da Lei n. 8.212/91. Recurso de revista conhecido e provido.

Processo: RR — 139500-85.2008.5.02.0013 **Data de Julgamento:** 03.03.2010, **Relator Ministro:** Alberto Luiz Bresciani de Fontan Pereira, 3ª Turma, **Data de Divulgação:** DEJT 19.03.2010.

Observa-se que o argumento utilizado pelo Tribunal Superior do Trabalho para considerar o valor das parcelas remuneratórias previstas no acordo como a base de cálculo da execução previdenciária é o de que o processo trabalhista é regido pelo princípio da conciliação. Já os argumentos para invalidar o acordo para fins de cobrança dos tributos previdenciários são os preceitos imperativos e de ordem pública.

O Tribunal Superior do Trabalho, com o intuito de pacificar este tema, publicou a Orientação Jurisprudencial n. 376, da SDI 1. De acordo com o texto da citada OJ, é devida a contribuição previdenciária sobre o valor do acordo celebrado e homologado após o trânsito em julgado de decisão judicial, respeitada a proporcionalidade de valores entre as parcelas de natureza salarial e indenizatória deferidas na decisão condenatória e as parcelas objeto do acordo.

Assim, após a OJ n. 376, a tendência jurisprudencial é que o valor considerado para execução das contribuições previdenciárias seja mesmo o do acordo, mas que sejam respeitadas as parcelas deferidas na sentença, se o acordo foi firmado foi efetuado após o trânsito em julgado da decisão.

Ressaltamos, contudo, que a orientação jurisprudencial somente poderá ser perfeitamente aplicável no caso de sentença líquida, pois nesta é possível apurar com facilidade a proporcionalidade entre as verbas integrantes e não integrantes do salário de contribuição.

Em sentenças ilíquidas não é possível a apuração da proporcionalidade das parcelas que compõem e que não compõem o salário de contribuição. Neste caso, o juiz pode, ao menos, exigir que as parcelas constantes da sentença estejam previstas também no acordo, não sendo possível guardar a exata proporcionalidade no acordo.

Note-se que a OJ n. 376 do TST só exige que seja respeitada a proporcionalidade de valores entre as parcelas de natureza salarial e indenizatória deferidas na decisão condenatória e as parcelas objeto do acordo quando o acordo for efetuado após o trânsito em julgado.

Assim, se uma sentença transitada em julgado determinar o pagamento pela empresa ao empregado no valor de R$ 100.000, sendo R$ 60.000 de verbas remuneratórias e R$ 40.000 indenizatórias e um acordo posterior for firmado no valor de R$ 50.000, sendo R$ 40.000 indenizatórios e R$ 10.000 remuneratórios, o juiz deve executar as contribuições com base no valor do acordo, no caso R$ 50.000, mas deve respeitar a proporcionalidade das parcelas salariais e indenizatórias constantes da decisão. Assim, do valor do acordo de R$ 50.000, o juiz deve considerar R$ 30.000 remuneratórios e R$ 20.000 indenizatórios.

E se o acordo tiver sido firmado antes do transito em julgado? Como deve ser efetuada a execução?

Inexplicavelmente a AGU editou Súmula sobre o tema de conteúdo bem desfavorável ao interesse do próprio Estado, sem ter firme jurisprudência no sentido sumulado. Vejamos a Súmula n. 67 da AGU, de 03.12.2012: "Na Reclamação Trabalhista, **até o trânsito em julgado**, as partes são livres para discriminar a natureza das verbas objeto do acordo judicial para efeito do cálculo da contribuição previdenciária, **mesmo que tais valores não correspondam aos pedidos ou à proporção das verbas salariais constantes da petição inicial.**"

Desta forma, o próprio representante do Estado entende que se o acordo for efetuado antes do trânsito em julgado, a execução deve respeitar as parcelas descriminadas no acordo, mesmo que elas não representem sequer os pedidos da inicial.

Se no exemplo dado anteriormente o acordo tivesse sido firmado antes do trânsito em julgado, a AGU entende que o juiz só deveria executar as contribuições sobre o valor de R$ 10.000.

Por fim, a AGU editou a Súmula n. 74 repetindo o entendimento da OJ n. 376, entendendo que "na Reclamação Trabalhista, quando o acordo for celebrado e homologado **após o trânsito em julgado**, a contribuição previdenciária incidirá sobre o valor do ajuste, respeitada a proporcionalidade das parcelas de natureza salarial e indenizatória deferidas na decisão condenatória".

c) Desnecessidade de manifestação

De acordo com o art. 832, § 7º, da CLT, acrescentado pela Lei n. 11.457/07: "o Ministro de Estado da Fazenda poderá, mediante ato fundamentado, dispensar a manifestação da União nas decisões homologatórias de acordos em que o montante da parcela indenizatória envolvida ocasionar perda de escala decorrente da atuação do órgão jurídico".

Assim, foi publicada a Portaria da PGF n. 283, de 01.12.2008, dispondo que a União poderá deixar de se manifestar quando o valor do acordo, na fase de conhecimento, for **inferior ao valor teto de contribuição**.

Tal limite, todavia, foi aumentado pela Portaria da PGF 815, de 28.09.2011 que previu dispensa de manifestação judicial da Procuradoria-Geral Federal quando o valor das contribuições previdenciárias devidas no processo judicial fosse igual ou inferior a R$ 10.000,00.

Posteriormente, a Portaria do Ministério da Fazenda 582, de 11.12.2013 elevou o valor para a dispensa da manifestação, dispondo que o Órgão Jurídico da União responsável pelo acompanhamento da execução de ofício das contribuições previdenciárias perante à Justiça do Trabalho poderá deixar de se manifestar quando o valor das contribuições previdenciárias devidas no processo judicial for igual ou inferior a R$ 20.000,00.

Ressalta-se que, muito embora a CLT tenha previsto a desnecessidade de manifestação da União apenas para hipótese **de acordo** que não ultrapasse o valor determinado por ato legislativo próprio, a Portaria n. 582/2013 estendeu esta desnecessidade também aos processos em que resulte no valor devido de contribuição previdenciária inferior a R$ 20.000,00.

4

Alíquota, base de cálculo previdenciária e outras situações diferenciadas na execução

4.1. Aviso-Prévio Indenizado

A Carta Magna, em seu art. 7º, inciso XXI, elencou como direito do trabalhador o aviso-prévio proporcional ao tempo de serviço, sendo este de, no mínimo, trinta dias, nos termos da lei.

De acordo com Alice Monteiro de Barros, "a finalidade do aviso-prévio é impedir que as partes sejam pegas de surpresa com a ruptura brusca do contrato indeterminado. O período a ele alusivo propicia ao empregado pré--avisado a procura de um novo emprego e ao empregador pré-avisado a substituição do empregado que pretende se desligar"[23].

A CLT dispõe que "a falta do aviso-prévio por parte do empregador dá ao empregado o direito aos salários correspondentes ao prazo do aviso, garantida sempre a integração desse período no seu tempo de serviço" (art. 487, § 1º). Foi, assim, criada a possibilidade de indenização monetária pela falta de concessão de aviso-prévio por parte do empregador.

Esclarece ainda mais Mauricio Godinho Delgado: "a CLT prevê dois tipos de pré-aviso, classificados segundo a modalidade de cumprimento de seu prazo: mediante labor ou não, caso em que o respectivo período se torna indenizado. Trata-se do aviso-prévio trabalhado e do aviso-prévio não trabalhado"[24].

Do ponto de vista da tributação previdenciária, não há qualquer divergência doutrinária, fiscal ou jurisprudencial quanto à incidência de contribuição sobre o aviso-prévio trabalhado. Isso porque é indiscutível

---

(23) BARROS, Alice Monteiro de. *Curso de direito do trabalho.* São Paulo: LTr, 2005. p. 899.
(24) DELGADO, Mauricio Godinho. *Curso de direito do trabalho.* 3. ed. São Paulo: LTr, 2004. p. 1174.

a natureza remuneratória desta parcela, vez que se presta a remunerar o serviço efetivamente prestado. A dúvida persiste em saber se deverá haver incidência sobre o aviso-prévio indenizado, o que tentaremos explorar neste tópico.

A Lei n. 8.212/91 não elenca, em seu § 9º do art. 28, expressamente, o aviso-prévio indenizado como parcela não integrante do salário de contribuição.

Já o Decreto n. 3.048/99, por sua vez, previa tal exclusão, no art. 214, § 9º, V, "f", **tendo este dispositivo, todavia, sido recentemente revogado pelo Decreto n. 6.727, de 12.01.2009.**

Pergunta-se: a não incidência de contribuição previdenciária sobre o aviso-prévio indenizado tinha fundamento apenas no Decreto?

Independentemente da resposta, faz-se mister frisar que a posição oficial da Receita Federal do Brasil, após a revogação do citado dispositivo, é de que o aviso-prévio indenizado passou a fazer parte do salário de contribuição, entendendo esta que, a partir do Decreto n. 6.727/09, não há qualquer previsão legal para a não tributação desta parcela.

Elucidando o questionamento, é preciso demonstrar que a Lei n. 8.212/91 traz implícita a impossibilidade de o aviso-prévio indenizado ser incluído na base de cálculo da contribuição previdenciária, uma vez que o inciso I, de seu art. 28, define o salário de contribuição para empregados da seguinte forma:

> A remuneração auferida em uma ou mais empresas, assim entendida a totalidade dos rendimentos pagos, devidos ou creditados a qualquer título, durante o mês, destinados a retribuir o trabalho, qualquer que seja a sua forma, inclusive as gorjetas, os ganhos habituais sob a forma de utilidades e os adiantamentos decorrentes de reajuste salarial, quer pelos serviços efetivamente prestados, quer pelo tempo à disposição do empregador ou tomador de serviços, nos termos da lei ou do contrato ou, ainda, de convenção ou acordo coletivo de trabalho ou sentença normativa (grifo nosso).

Assim, para ser considerado salário de contribuição, é necessário que o valor recebido seja destinado a retribuir o trabalho, o que, de fato, não ocorre com a indenização do aviso-prévio.

Nesta mesma linha, leciona Wladimir Novaes Martinez, ao afirmar que:

> O *caput* de um artigo — norma geral — pode ser quebrado pela norma especial, constante de inciso ou alínea abaixo dele postada e, então, não há dúvidas quanto a todas as letras do § 9º. Trata-se de disposição comissiva. Entretanto, por omissão, ou por raciocínio *contrario sensu*, nem sempre a conclusão é possível. Ausente da enorme lista, comporta interpretação e será possível recorrer ao *caput*, onde o aviso-prévio indenizado não tem abrigo. Quer dizer,

embora não faça parte do § 9º (relação de valores não integrantes do salário de contribuição) necessariamente não está sujeito à exação securitária[25].

Salienta-se, ainda, que a redação original da alínea "e", do art. 28, da Lei n. 8.212/91, previa, expressamente, a exclusão do aviso-prévio indenizado da base de cálculo da contribuição previdenciária, tendo tal disposição sido suprimida pela Lei n. 9.528, de 10.12.1997, ficando sitiada apenas em norma infralegal, até a sua revogação (Decreto n. 2.173/97 e, posteriormente, Decreto n. 3.048/99).

Este mesmo diploma, ao suprimir da Lei n. 8.212/91 a expressa previsão de não incidência de contribuição previdenciária sobre o aviso-prévio, alterou a redação do inciso I do art. 28 da Lei n. 8.212/91. Vejamos:

Art. 28, I, da Lei n. 8.212/91

Redação anterior:

Art. 28. Entende-se por salário de contribuição:

I — para o empregado e trabalhador avulso: a remuneração efetivamente recebida ou creditada a qualquer título, durante o mês em uma ou mais empresas, inclusive os ganhos habituais sob a forma de utilidades, ressalvado o disposto no § 8º e respeitados os limites dos §§ 3º, 4º e 5º deste artigo;

Redação atual, alterada pela Lei n. 9.528/97:

Art. 28. Entende-se por salário de contribuição:

I — para o empregado e trabalhador avulso: a remuneração auferida em uma ou mais empresas, assim entendida a totalidade dos rendimentos pagos, devidos ou creditados a qualquer título, durante o mês, **destinados a retribuir o trabalho**, qualquer que seja a sua forma, inclusive as gorjetas, os ganhos habituais sob a forma de utilidades e os adiantamentos decorrentes de reajuste salarial, quer pelos serviços efetivamente prestados, quer pelo tempo à disposição do empregador ou tomador de serviços nos termos da lei ou do contrato ou, ainda, de convenção ou acordo coletivo de trabalho ou sentença normativa; (Redação dada pela Lei n. 9.528, de 10.12.1997) (grifo nosso)

Nota-se que a mesma lei que suprimiu o aviso-prévio indenizado do rol de não incidência do § 9º, do art. 28, da Lei n. 8.212/91 alterou a redação do conceito deste instituto, incluindo a expressão "destinada a retribuir o trabalho". Ora, se o aviso-prévio não trabalhado não se destina à retribuição do esforço laboral, mas à indenização ao trabalhador de um direito que lhe foi suprimido pela empresa, não há de se falar em incidência de contribuição previdenciária, independentemente de expressa previsão.

Observa-se também que o CTN, no parágrafo único do seu art. 13, é bastante claro ao exigir a edição de lei para a concessão de isenção, e, em

---

(25) MARTINEZ, Wladimir Novaes. *Comentários à lei básica da previdência social*. 4. ed. São Paulo: LTr, 2003. p. 380.

um patamar mais elevado, a Constituição Federal de 1988, em seu art. 150, § 6º, também exige lei específica para esta finalidade. Ora, considerar que o dispositivo do Decreto n. 3.038/99, de 1999, revogado pelo Decreto n. 6.727/09, era o único fundamento para a não incidência de contribuição previdenciária sobre o aviso-prévio indenizado é o mesmo que rasgar os textos da Constituição e do CTN.

A dúvida quanto à tributação desta parcela tem sido levantada, também, devido ao fato de a CLT mencionar que o aviso-prévio deverá ser considerado para fins de integração ao tempo de serviço (art. 487, § 1º). Dessa forma, alguns Juízes do Trabalho têm entendido que, na execução das contribuições previdenciárias decorrentes de suas sentenças, deve-se considerar o período correspondente ao aviso-prévio indenizado como base de tributação, com o intuito de que seja contado como tempo de contribuição para a Previdência Social.

Nota-se que o art. 487, § 1º, da CLT, quando dispõe que a falta de aviso-prévio garante a integração deste período no tempo de serviço do trabalhador, estabelece uma contagem de tempo de serviço fictícia, o que é vedado constitucionalmente, desde a EC 20/98 (art. 40, § 10, CF c/c art. 4º, da EC n. 20/98). Salienta-se que a nomenclatura "tempo de serviço" utilizada pela CLT se refere ao extinto benefício da aposentadoria por tempo de serviço, substituído pela aposentadoria por tempo de contribuição. Dessa forma, acreditamos que a EC 20/98 revogou tacitamente este dispositivo da CLT.

Em verdade, o pagamento de 1/12 de décimo terceiro salário e de férias indenizadas decorrentes da projeção do aviso-prévio tem, também, natureza indenizatória, tendo em vista que o empregado está sendo ressarcido do direito de trabalhar mais um mês na empresa e, consequentemente, de receber mais 1/12 dessas parcelas.

É por essa razão que defendemos que o fato de o empregador dever indenizar o reflexo do aviso-prévio em outras verbas não prorroga o contrato de trabalho por mais um mês, não devendo, consequentemente, tal período ser anotado na carteira de trabalho. Ressalta-se que a anotação do período referente ao aviso-prévio não tem o condão de garantir a contagem desse período como tempo de contribuição, pois, como já mencionado, a contagem fictícia do tempo de contribuição foi vedada pela EC n. 20/98.

Ora, é nítida a natureza indenizatória do "aviso-prévio não trabalhado", pois, sendo o instituto do aviso-prévio uma obrigação de fazer (pré-avisar o trabalhador sobre o seu desligamento, com a antecedência mínima de 30 dias), o descumprimento desta, conforme dispõe o art. 247, do Código Civil de 2002, "importa em obrigação de *indenizar* em perdas e danos o devedor".

A noção de indenização pode ser facilmente compreendida com a seguinte regra: toda vez que o empregador suprimir um direito de seu empregado, substituindo-o por pecúnia, tal pagamento terá natureza indenizatória.

Essa regra, de fácil compreensão, pode ser aqui testada. Quando o empregador despede o seu empregado, após 18 meses de trabalho, sem lhe ter concedido as férias, deve pagar-lhe uma parcela em pecúnia de natureza indenizatória, ante a supressão de direito deste (de gozar as férias).

O mesmo ocorre com o trabalhador que é surpreendido com a despedida imediata, pois, neste caso, também é suprimido seu direito de ser pré-avisado com a antecedência mínima de 30 dias.

Observa-se que os dois exemplos citados são bastante diferentes da hipótese do 13º salário proporcional, pago na rescisão do contrato de trabalho. Quando um empregado é despedido, tendo trabalhado por seis meses do corrente ano na empresa, esta deve pagar metade do valor do seu 13º salário na rescisão do contrato de trabalho.

Percebe-se que aí não se pode falar em natureza indenizatória da verba, pois o que está sendo pago é o próprio direito do trabalhador (de recebimento de pecúnia referente ao período trabalhado). Assim, no caso desta parcela, não há troca de direito por pecúnia, mas o pagamento do próprio direito, que é o recebimento do valor proporcional.

Para deixar ainda mais clara esta nossa visão prática do conceito de indenização, tratemos do caso do 13º salário indenizado.

Tal parcela é paga quando o empregado é despedido, sem ser previamente avisado, momento, então, em que recebe o aviso-prévio indenizado. Se o empregador tivesse cumprido a sua obrigação de pré-avisar o empregado com 30 dias de antecedência, este trabalhador faria jus a mais 1/12 do 13º salário proporcional, já que trabalharia mais 30 dias. Como não o fez, deve indenizar este 1/12 sob o título de 13º salário indenizado, não havendo tributação sobre esta parcela.

Há quem sustente, absurdamente segundo nosso entendimento, que o aviso-prévio não trabalhado constitui-se em verdadeira vantagem para o trabalhador, já que este ganha quantia equivalente à remuneração mensal sem necessitar trabalhar. Quem defende essa tese argumenta que, quando o aviso-prévio não é trabalhado, o empregado tem mais tempo para procurar um novo emprego.

Não podemos concordar com essa tese, pois o valor social do trabalho é um dos objetivos constitucionais, e o trabalho é o primado da nossa ordem social. Ademais, um trabalhador que é despedido sem o direito de cumprir o aviso-prévio trabalhando não tem o tempo necessário para "digerir" o trauma da perda do emprego e preparar a sua família para a nova realidade. Imagine a situação do trabalhador que tem de chegar em casa e comunicar a sua família que, a partir do dia seguinte, não irá mais para o trabalho, pois perdeu o seu emprego.

Ademais, a natureza indenizatória do aviso-prévio é indiscutível, mesmo para os que defendem que a dispensa sem prévio aviso trata-se de uma vantagem para o trabalhador. Isso porque, como já mencionado, no caso do aviso-prévio indenizado, ocorre a supressão de um direito legalmente estabelecido e sua consequente substituição por pecúnia. Observa-se que a natureza indenizatória não se configura sinalagmática, ou seja, não há obrigatoriedade de o valor da indenização corresponder exatamente ao direito suprimido.

A doutrina moderna tem-se mostrado omissa na discussão acerca da incidência de contribuição previdenciária sobre o aviso-prévio indenizado. A jurisprudência, contudo, vem entendendo, de forma majoritária, ser impossível a tributação desta parcela, devido ao caráter eminentemente indenizatório do aviso-prévio pago em dinheiro, não podendo este, de forma alguma, ser confundido com a noção de remuneração. Vejamos:

> REsp 973436/SC; RECURSO ESPECIAL 2007/0165632-3; Rel. Ministro JOSÉ DELGADO; DJ 25.02.2008 p. 290; PROCESSUAL CIVIL. TRIBUTÁRIO. RECURSO ESPECIAL. CONTRIBUIÇÃO PREVIDENCIÁRIA. SAT. FUNDAMENTO CONSTITUCIONAL. AUSÊNCIA DE VIOLAÇÃO DO ART. 535 DO CPC. AUXÍLIO-DOENÇA. QUINZE PRIMEIROS DIAS DE AFASTAMENTO. AUXÍLIO-ACIDENTE. SALÁRIO-MATERNIDADE. ADICIONAIS DE HORA EXTRA, TRABALHO NOTURNO, INSALUBRIDADE E PERICULOSIDADE. PRECEDENTES. 1. (...) As verbas de natureza salarial pagas ao empregado a título de auxílio-doença, salário-maternidade, adicionais noturno, de insalubridade, de periculosidade e horas extras estão sujeitas à incidência de contribuição previdenciária. Já os valores pagos relativos ao auxílio-acidente, ao aviso-prévio indenizado, ao auxílio-creche, ao abono de férias e ao terço de férias indenizadas não se sujeitam à incidência da exação, tendo em conta o seu caráter indenizatório.

> RR — 578/2004-039-01-00; Rel. Ministra Dora Maria da Costa; DJ — 19.12.2008 RECURSO DE REVISTA. CONTRIBUIÇÃO PREVIDENCIÁRIA. INCIDÊNCIA SOBRE O VALOR DO AVISO-PRÉVIO INDENIZADO. ACORDO JUDICIAL. O entendimento da SBDI-1/TST é no sentido de que sobre a parcela recebida a título de aviso-prévio indenizado não incide contribuição previdenciária, já que tal parcela possui caráter eminentemente indenizatório, porquanto o seu pagamento visa compensar o resguardo do prazo garantido em lei para se obter novo emprego. Assim, não se enquadra o aviso-prévio indenizado na concepção de salário de contribuição definida no inciso I do art. 28 da Lei n. 8.212/91, com a redação dada pela Lei n. 9.528/97, na medida em que não há trabalho prestado no período pré-avisado, não havendo, por consequência, falar em retribuição remuneratória por labor envidado. Óbice do art. 896, § 4º, da CLT e da Súmula n. 333/TST. Recurso de revista não conhecido.

> TST RECURSO ESPECIAL N. 410.435 — RS (2002/0014338-7) RELATOR: MINISTRO HUMBERTO GOMES DE BARROS DJ 16.12.2002. O recurso especial desafia acórdão que

restou assim ementado: "TRIBUTÁRIO. CONTRIBUIÇÃO SOCIAL SOBRE A FOLHA DE SALÁRIOS. ABONOS LEGAIS E VERBAS INDENIZATÓRIAS. (...)" Tribunal a que negou provimento à apelação do INSS, pois entendeu que: a cobrança da contribuição previdenciária sobre aviso-prévio indenizado, indenização por tempo de serviço e indenização adicional exigida com base no art. 22, § 2º da Lei n. 8.212/91 é indevida, visto que tais parcelas tem nítido caráter indenizatório, sendo impossível incluí-las no conceito de salário; somente por meio de lei complementar, é que se poderiam criar outras fontes de custeio da seguridade social (195, § 4º, da CF); o STF, no julgamento da ADIn 1659/97, suspendeu a eficácia do art. 22, § 2º da MP 1.523/96, por ofensa ao art. 195, I da CF.

TST: JUÍZA CONVOCADA WILMA NOGUEIRA DE A. VAZ DA SILVA. EMENTA. RECURSO DE REVISTA. NATUREZA JURÍDICA DO ADICIONAL DE QUEBRA DE CAIXA. AUSÊNCIA DE OFENSA AO ART. 28, § 9º, DA LEI N. 8.212/91. Fundamentada a decisão regional no pressuposto da natureza indenizatória da parcela quebra de caixa, não se verifica a indigitada ofensa ao art. 28, § 9º, da Lei n. 8.212/91, cuja alínea "e" expressamente exclui verbas em razão da mencionada natureza indenizatória, como o aviso-prévio indenizado, as férias indenizadas e a indenização por tempo de serviço. Não se pode pretender que seja taxativa essa enumeração excludente do conceito do salário de contribuição, porque não apenas a parcela quebra de caixa deixou de ser mencionada, mas também o transporte fornecido para o trabalho, o prêmio-assiduidade, o prêmio de tempo de serviço concedido anualmente, o prêmio-aposentadoria etc. Recurso não conhecido.

Para reforçar ainda mais o entendimento da impossibilidade de cobrança de contribuição previdenciária sobre o aviso-prévio indenizado, trazemos à colação a Medida Provisória 1523-7, de 30.04.1997, que alterou o texto do § 2º do art. 22 da Lei n. 8.212/91, o qual passou a dispor que: "Para os fins desta Lei, integram a remuneração os abonos de qualquer espécie ou natureza, bem como as parcelas denominadas indenizatórias pagas ou creditadas a qualquer título, inclusive em razão da rescisão do contrato de trabalho".

Tentou-se, pois, absurdamente, tributar as parcelas indenizatórias, entre elas o aviso-prévio indenizado, a partir de agosto de 1997, levando em conta a anterioridade nonagesimal.

A matéria, contudo, foi objeto de análise pelo STF, em 27.11.1997, por meio da ADIn 1659/97, que, de forma lúcida, suspendeu, liminarmente, a eficácia da alteração promovida pela Medida Provisória 1.523/97, por ofensa ao art. 195, I, da CF/88, com efeitos *ex nunc*.

Durante o período compreendido entre a data de início da vigência da MP 1523-7 (01.08.1997) e a sua suspensão, por decisão liminar (27.11.1997), o Fisco Previdenciário exigiu contribuição previdenciária sobre o aviso-prévio indenizado.

Anota-se que tanto o texto constitucional (art. VII, XXI) quanto a CLT (art. 487) dispõem que o aviso-prévio será de, no mínimo, 30 dias, não havendo qualquer obstáculo legal para que as partes acordem um tempo superior a este, sem que seja descaracterizada a natureza da parcela.

É muito comum as empresas convencionarem com os sindicatos profissionais a concessão de aviso-prévio com duração superior ao mínimo legal para os trabalhadores com idade avançada. Havendo pagamento desta parcela, sob a forma de indenização, não há de se cogitar de incidência de contribuição previdenciária.

Recentemente a própria PGFN publicou a Nota 485, de 30.05.2016, dispensando a Procuradoria de recorrer de decisões que considerem a não incidência de contribuição previdenciária sobre o aviso-prévio indenizado, se curvando à jurisprudência já pacificada.

Chegamos, então, à conclusão de que, sobre o aviso-prévio indenizado, não deve haver incidência de contribuição previdenciária, pelos motivos aqui expostos:

a) Há previsão legal indireta, no art. 28, I, da Lei n. 8.212/91, para a não incidência de contribuição sobre o aviso-prévio indenizado. Isso porque tal dispositivo estabelece que somente devem ser consideradas salário de contribuição as parcelas destinadas a retribuir o trabalho;

b) A edição do Decreto n. 6.727, de 12.01.2009, não tem o poder de tornar o aviso-prévio indenizado parcela incidente de contribuição previdenciária, vez que o tratamento de isenção é tema reservado à lei.

c) O art. 487, § 1º, da CLT, que impunha que a falta de concessão de aviso-prévio garantiria a integração deste período ao tempo de serviço do trabalhador, foi revogado tacitamente pela EC 20/98 (art. 40, § 10, CF c/c art. 4º, da EC n. 20/98).

d) É nítida a natureza indenizatória do aviso-prévio indenizado.

4.2. Contribuições substitutivas da parte patronal

Sabemos que as empresas contribuem para a Previdência Social, utilizando, como base de cálculo, a folha de remuneração dos trabalhadores que lhes prestem serviços. Esta base, entretanto, pode ser alterada em razão da atividade econômica do contribuinte (art. 195, § 9º). Nesse caso, a empresa passa a contribuir para o RGPS sobre uma base diferenciada, em função das peculiaridades de sua atividade.

De fato, determinados ramos de atividade possuem características singulares que dificultariam o pagamento da contribuição convencional. Nesses casos, a opção do legislador foi substituir a base de cálculo para adequar a contribuição previdenciária à capacidade de pagamento do empregador.

As atividades que foram beneficiadas com este tratamento diferenciado são:

a) Associações desportivas que mantêm equipe de futebol profissional.

b) Produtores rurais pessoas físicas.

c) Produtores rurais pessoas jurídicas.

d) Agroindústrias.

Salienta-se que a contribuição sobre o faturamento destas empresas **substitui apenas as devidas pela empresa sobre a remuneração de empregados e avulsos**, ou seja, caso a associação desportiva contrate contribuinte individual, deverá pagar 20% sobre sua remuneração, a título de contribuição previdenciária. Da mesma forma, caso contrate serviços de cooperativa de trabalho, pagará 15% sobre o valor bruto da nota fiscal ou da fatura. Fica mantida, também, a obrigação de efetuar a retenção da contribuição dos segurados, repassando-as aos cofres previdenciários.

Dessa forma, em uma reclamatória de um trabalhador avulso ou de um empregado de uma destas empresas, o Juiz do Trabalho deve abster-se de executar qualquer valor referente à contribuição previdenciária patronal, pois a contribuição do empregador é efetuada com base no faturamento. Deve, no entanto, executar as contribuições dos segurados empregados e avulsos.

Em uma ação trabalhista movida por um contribuinte individual contra uma destas empresas, possibilitada pela ampliação de competência da promovida pela Emenda Constitucional 45/04, a execução das contribuições previdenciárias deve ser procedida, pois tais contribuições não tiveram a sua base de cálculo substituída.

4.3. Empresas optantes pelo Simples

A atual Constituição Federal do Brasil dispõe, em seu art. 179, que "a União, os Estados, o Distrito Federal e os Municípios dispensarão às microempresas e às empresas de pequeno porte, assim definidas em lei, tratamento jurídico diferenciado, visando a incentivá-las pela simplificação de suas obrigações administrativas, tributárias, previdenciárias e creditícias ou pela eliminação e redução destas por meio de lei". O art. 170, inciso IX, alberga "tratamento favorecido às empresas de pequeno porte constituídas sob as leis brasileiras e que tenham sua sede e administração no País".

Com a finalidade de tornar efetivo este ordenamento constitucional, foi aprovada a Lei n. 9.317/96, que instituiu o Simples — Sistema Integrado de Pagamento de Impostos e Contribuições Previdenciárias das Microempresas e das Empresas de Pequeno Porte.

Esta lei foi, todavia, revogada pela Lei Complementar 123, de 14.12.2006, que instituiu o "Estatuto Nacional da Microempresa e da Empresa de Pequeno Porte", chamado de Super Simples. A Lei do novo Simples, por sua vez, já foi alterada pela LC 127, de 14.08.2007, e pela LC 128, de 19.12.2008. O regime de tributação das microempresas e empresas de pequeno porte, definido na nova Lei, entrou em vigor em 1º de julho de 2007 e foi por ela chamado de Simples Nacional.

O Simples Nacional consiste em uma forma de consolidação de diversos tributos em um único, calculado mediante a aplicação de uma alíquota sobre a receita bruta da empresa. A grande vantagem do Simples Nacional em relação ao antigo Simples é a inclusão do ICMS e ISS no rol dos tributos substituídos pela alíquota única.

O recolhimento da guia do Simples Nacional não exclui a obrigatoriedade de efetuar a retenção da contribuição dos segurados.

As microempresas e empresas de pequeno porte optantes pelo Simples Nacional ficam dispensadas, também, do pagamento de contribuições para outras entidades e fundos — terceiros.

Em síntese, do ponto de vista previdenciário, o Simples substitui toda a parte patronal, inclusive a contribuição para terceiros. Subsiste, contudo, a obrigação da empresa inscrita no sistema de reter as contribuições dos empregados, dos contribuintes individuais e de pessoas jurídicas, quando cabível, e de repassá-las à Previdência Social até o dia 20 do mês subsequente.

Como consequência, nas ações trabalhistas ajuizadas contra empresas optantes pelo Simples, não se deve proceder à execução das contribuições previdenciárias patronais, mas somente a parte que cabe aos segurados. Esta regra é aplicável tanto para ações movidas por empregados ou avulsos, quanto para as ajuizados por contribuintes individuais, já que a empresa que opta pela forma simplificada de contribuição substitui todas as contribuições patronais sobre a remuneração dos trabalhadores por um tributo sobre o faturamento.

Observe-se, entretanto, que as empresas que estiverem enquadradas no Anexo IV, da LC 123/2006, apesar de serem incluídas no Simples devem pagar as contribuições previdenciárias sobre a folha de pagamento. Neste citado anexo encontram-se as empresas de vigilância, limpeza, construção civil e escritórios de advocacia.

4.4. Entidades imunes ou isentas

A Constituição Federal dispõe que "são isentas de contribuição para a seguridade social as entidades beneficentes de assistência social que atendam às exigências estabelecidas em lei" (art. 195, § 7º).

Apesar de o texto constitucional mencionar a palavra "isenta", tecnicamente, trata de verdadeira imunidade tributária. A isenção é a intributabilidade definida por lei, enquanto a imunidade é hipótese negativa de incidência qualificada pela própria Carta Magna. O resultado prático da isenção e da imunidade, no entanto, é o mesmo: o contribuinte fica desobrigado do recolhimento de contribuições previdenciárias. Ficamos, aqui, com esta reduzida conceituação, por entendermos que não está entre os objetivos desta obra debater com profundidade conceitos doutrinários do Direito Tributário.

Nota-se que a imunidade das contribuições sociais somente poderá ser gozada pelas entidades beneficentes que promovam, gratuitamente, a assistência social. Difere-se, desta maneira, da imunidade em relação aos impostos, que se estende ao patrimônio, à renda ou a serviços dos partidos políticos, inclusive suas fundações, das entidades sindicais dos trabalhadores, das instituições de educação e de assistência social, sem fins lucrativos, atendidos os requisitos da lei (art. 150, V, c, CF/88).

Nas ações movidas contra as entidades imunes, não devem ser executadas as contribuições previdenciárias patronais, mas somente as contribuições devidas pelos segurados.

Uma particularidade em relação à execução das contribuições destas entidades é que, quando um contribuinte individual presta serviços a empresas imunes ou isentas, a contribuição do segurado deve ser de 20% em vez dos 11% que devem ser retidos quando o trabalhador presta serviço a outras empresas.

Observa-se que o legislador pretendeu, de forma absurda, compensar a isenção concedida às entidades beneficentes com a alíquota diferenciada para os contribuintes individuais que prestem serviços a tais empresas. É a negativa total a um dos princípios constitucionais que rege a seguridade social: a equidade na forma de participação do custeio.

4.5. Fator Acidentário de Prevenção

O Fator Acidentário de Prevenção, importante e recente alteração da legislação de custeio previdenciário, após inúmeras prorrogações, passou a vigorar no ordenamento jurídico, a partir de 01.01.2010.

A legislação previdenciária, há muito tempo, estabelece que, com o intuito de estimular investimentos em prevenção de acidentes de trabalho, o Ministério da Previdência Social (MPS) poderá alterar o enquadramento de empresa que demonstre a melhoria das condições de trabalho, ocasionada por sua política de segurança do trabalho. O art. 10 da Lei n. 10.666/03 propõe a atenuação da alíquota atual, de 1%, 2% ou 3%, em até 50% ou o seu acréscimo em até 100%, a depender do investimento em segurança do trabalho, podendo, então, variar de 0,5% a 6%.

Só recentemente, todavia, o dispositivo legal que altera a alíquota de Seguro de Acidente do Trabalho (SAT/GILRAT) foi regulamentado pelo Decreto n. 6.042, de 12.02.2007, com o acréscimo do art. 202-A ao Decreto n. 3.048/99, que criou o Fator Acidentário de Prevenção — FAP, como forma de aferição do investimento para prevenção de acidentes. O Decreto n. 6.957, de 09.09.2009, por fim, trouxe importantes alterações na forma final de cálculo do Fator Acidentário de Prevenção.

O FAP consiste em um multiplicador variável num intervalo contínuo de cinco décimos (0,5000) a dois inteiros (2,0000), considerando quatro casas decimais, a ser aplicado à respectiva alíquota de 1%, 2% ou 3% do SAT da empresa. Assim, o FAP pode ser definido, por exemplo, em 0,6312; 1,2356; 1,8978 etc. Este valor será multiplicado pela alíquota de enquadramento do SAT/GILRAT, resultando na alíquota mensal apurada, que poderá, pois, variar face a aplicação do FAP de 0,5 a 6%.

Exemplificando: uma empresa que está enquadrada com grau de risco médio (GILRAT de 2%) e tem fixado o seu FAP em 1,3202 deve recolher, mensalmente, a alíquota de 2,6404% (2% x 1,3202).

O FAP tem como variáveis os índices de frequência, de gravidade e de custo, considerando-se a ponderação de 50%, 35% e 15%, respectivamente. O índice de frequência representa o número de acidentes ocorridos no período para um milhão de horas trabalhadas. O índice de gravidade traz o número de dias de afastamento do trabalhador do labor, devido a acidente de trabalho, durante a mesma quantidade de horas. Já o índice de custo consiste em uma relação entre os valores pagos pela empresa de GILRAT e os valores desembolsados pela Previdência Social com os benefícios acidentários provocados pela empresa.

A partir da complexa metodologia de cálculo dos mencionados índices, é, então, definida a taxa padrão por atividade econômica, a qual será comparada com os índices obtidos individualmente por cada empresa do setor. As diferenças encontradas serão utilizadas para definição do FAP, com base em metodologia aprovada pelo Conselho Nacional de Previdência Social.

Os índices de frequência, gravidade e custo serão calculados segundo metodologia aprovada pelo Conselho Nacional de Previdência Social, levando-se em conta:

I — para o índice de frequência, os registros de acidentes e doenças do trabalho informados ao INSS por meio de Comunicação de Acidente do Trabalho — CAT e de benefícios acidentários estabelecidos por nexos técnicos pela perícia médica do INSS, ainda que sem CAT a eles vinculados;

II — para o índice de gravidade, todos os casos de auxílio-doença, auxílio-acidente, aposentadoria por invalidez e pensão por morte, todos de natureza acidentária, aos quais são atribuídos pesos diferentes em razão da gravidade da ocorrência, como segue:

a) pensão por morte: peso de cinquenta por cento;

b) aposentadoria por invalidez: peso de trinta por cento; e

c) auxílio-doença e auxílio-acidente: peso de dez por cento para cada um; e

III — para o índice de custo, os valores dos benefícios de natureza acidentária pagos ou devidos pela Previdência Social, são apurados da seguinte forma:

a) nos casos de auxílio-doença, com base no tempo de afastamento do trabalhador, em meses e fração de mês; e

b) nos casos de morte ou de invalidez, parcial ou total, mediante projeção da expectativa de sobrevida do segurado, na data de início do benefício, a partir da tábua de mortalidade construída pela Fundação Instituto Brasileiro de Geografia e Estatística — IBGE para toda a população brasileira, considerando-se a média nacional única para ambos os sexos.

O Ministério da Previdência Social publicará, anualmente, sempre no mesmo mês, no Diário Oficial, os percentuais de frequência, gravidade e custo por Subclasse da Classificação Nacional de Atividades Econômicas —CNAE e divulgará, na rede mundial de computadores, o FAP de cada empresa, com as respectivas ordens de frequência, gravidade, custo e demais elementos que possibilitem a esta verificar o respectivo desempenho dentro da sua CNAE-Subclasse.

No ano de 2010, excepcionalmente, o Fator Acidentário de Prevenção — FAP, na redação dada por este Decreto, será aplicado ao que exceder a um inteiro, com redução de 25%. O objetivo da norma aqui é atenuar os efeitos do FAP, em seu primeiro ano de utilização, para as empresas que tiverem os seus percentuais agravados, devendo-se observar que, apenas quando o FAP for superior a 1,0000, haverá majoração do SAT.

O Juiz do Trabalho deve atentar para a alíquota do FAP das empresas para possibilitar a correta execução das contribuições previdenciárias de fatos geradores ocorridos a partir de 01.01.2010.

Para saber qual é o FAP da empresa executada, o Juiz do Trabalho deve se basear nas Guias de Recolhimento de FGTS e Informações à Previdência Social — GFIP — do período a que se refere o débito executado, devendo exigir da empresa que anexe aos autos os citados documentos para possibilitar uma correta execução.

No caso de revelia, poderá o Juiz do Trabalho oficiar a Receita Federal do Brasil para que esta informe o FAP da empresa executada, por período correspondente aos créditos previdenciários.

Por outro lado, o patrono da reclamada deve ficar atento para informar no processo o FAP sempre que ele for inferior a 1,000, pois gerará economia na execução das contribuições da parte patronal, uma vez que a empresa terá a alíquota de SAT/GILRAT atenuada.

4.6. Desonerações Setoriais da Folha de Pagamento Promovidas pela Lei n. 12.526/11

Há alguns anos, os legisladores vêm se preocupando com o peso das contribuições previdenciárias incidentes sobre a folha de pagamento para as empresas. Assim, têm tomado algumas medidas pontuais para reduzir a carga tributária sobre a folha.

Nesta linha, o art. 14, da Lei n. 11.774, de 17.09.2008 forneceu às empresas dos ramos de **Tecnologia da Informação — TI e de Tecnologia da Informação e Comunicação — TIC**, uma redução da alíquota de contribuição previdenciária patronal incidente sobre a contratação de empregados e avulsos, que teria vigência por cinco anos.

A regulamentação se deu com a publicação do Decreto 6.945, de 21.08.2009, que acrescentou o art. 201-D ao Regulamento da Previdência social. Assim, a partir de 01.10.2009, a redução passou a ser aplicável, nos termos regulamentados.

Desta forma, a alíquota patronal destas empresas foi reduzida pela subtração de 1/10 do percentual correspondente à razão entre a receita bruta de venda de serviços para o mercado externo e a receita bruta total de vendas de bens e serviços, após a exclusão dos impostos e contribuições incidentes sobre a venda. Para efetivação deste incentivo, eram consideradas as receitas auferidas nos 12 meses imediatamente anteriores a cada trimestre-calendário.

A intenção da Lei era, claramente, a de incentivar a exportação brasileira de tecnologia da informação e de comunicação.

Para efeito da redução, consideravam-se serviços de TI e TIC:

I — análise e desenvolvimento de sistemas;

II — programação;

III — processamento de dados e congêneres;

IV — elaboração de programas de computadores, inclusive de jogos eletrônicos;

V — licenciamento ou cessão de direito de uso de programas de computação;

VI — assessoria e consultoria em informática;

VII — suporte técnico em informática, inclusive instalação, configuração e manutenção de programas de computação e bancos de dados;

VIII — planejamento, confecção, manutenção e atualização de páginas eletrônicas.

A redução pode também ser aplicada para empresas que prestam serviços de *call center*.

Os valores das contribuições devidas a terceiros, denominados outras entidades ou fundos, com exceção do Fundo Nacional de Desenvolvimento da Educação — FNDE foram também reduzidas no mesmo percentual de redução referente à parte patronal.

Nestas regras, a União compensava, mensalmente, o Fundo do Regime Geral de Previdência Social, no valor correspondente à renúncia previdenciária decorrente da desoneração das empresas de TI e de TIC, de forma a não afetar a apuração do resultado financeiro do Regime Geral de Previdência Social.

Esta espécie de incentivo setorial, com redução das alíquotas de contribuição previdenciária, apesar de válidas, demonstrou-se de difícil administração e fiscalização. Além disso, outros setores clamavam pela desoneração da folha de pagamento.

Como resultado, a Lei n. 12.546, de 14 de dezembro de 2011, inicialmente, substituiu, de forma provisória, até 31.12.2014, a contribuição previdenciária básica de 20% incidente sobre a folha de pagamento dos empregados, avulsos e dos contribuintes individuais de alguns setores da Economia, por uma contribuição incidente sobre a receita bruta.

Outras leis foram sendo editadas, alterando o texto da Lei n. 12.546/2011, incluindo novos setores na desoneração da folha de pagamento, alterando a alíquota da contribuição substitutiva e, posteriormente, tornando a política de desoneração permanente (Lei n. 13.043, de 13.11.2014).

A Instrução Normativa n. 1.436, de 30.12.2013, regulamentou a matéria, esclarecendo diversos pontos nebulosos sobre a desoneração da folha de pagamento.

Observe-se que o fato de a folha de pagamento está sendo desonerada não significa, necessariamente, que todos os setores contemplados foram beneficiados com a medida. Afirma-se isso porque o novo tributo substitutivo, incidente sobre a receita bruta, pode, para algumas empresas, representar acréscimo do custo tributário.

Como a desoneração da folha era obrigatória para os setores definidos na legislação, os ramos empresariais que foram prejudicados com a medida tentaram se mobilizar para serem excluídos da regra. Por outro lado, as empresas que economizariam tributo, mas não foram incluídas pela Lei, mobilizam-se para entrar na desoneração da folha de pagamento. Isso gerou um grande número de alterações na Lei n. 12.546/2011.

Não cabe a execução da contribuição básica de 20% sobre a remuneração dos empregados, avulsos e contribuintes individuais nas execuções das contribuições previdenciárias de reclamados inseridos na Lei da desoneração.

Desta forma, o patrono do reclamado deve sempre informar ao Juízo que a empresa está inserida na desoneração da folha para evitar execução indevida.

4.7. Contribuintes individuais

A contribuição das empresas sobre a remuneração dos autônomos foi inaugurada em nosso ordenamento com a Lei n. 7.787/89, que dispunha em seu art. 3º, I, que a contribuição das empresas sobre a folha de salários seria "de 20% sobre o total das remunerações pagas ou creditadas, a qualquer título, no decorrer do mês, aos segurados empregados, avulsos, autônomos e administradores".

Tal Lei buscava regulamentar o disposto na redação original do art. 195, I, da Constituição Federal, que autorizava a instituição de contribuição dos empregadores para o custeio da seguridade social incidente sobre "a folha de salários, o faturamento e o lucro".

Ocorre que, para o Direito do Trabalho, salário é a nomenclatura dada para parte da remuneração do empregado e, por equiparação, do trabalhador avulso, não sendo aplicável a outras categorias. O texto da Lei n. 7.787/89, ao incluir "autônomos e administradores", dava margem à alegação de inconstitucionalidade, não sendo considerada albergada pela redação original da Carta Magna a cobrança de contribuições sociais das empresas sobre os serviços prestados por outras categorias de segurados, sem vínculo empregatício.

Foi exatamente este o entendimento exarado pelo Supremo Tribunal Federal no julgamento da ADIn 1.102/DF (Rel. Min Maurício Correa), que firmou posicionamento sobre a inconstitucionalidade da lei ordinária que instituiu as contribuições da empresa sobre a remuneração dos autônomos e empresários.

A cobrança das contribuições sociais das empresas sobre a remuneração destes segurados somente se tornou possível a partir de maio de 1996, após edição e vigência da Lei Complementar 84/96, que se valeu da competência residual para a instituição da contribuição. Observa-se que, para se instituir novas contribuições sociais não previstas no texto constitucional, deve ser utilizada Lei Complementar (art. 195, § 4º, CF/88).

A Lei Complementar n. 84/96 instituiu a contribuição previdenciária das empresas de 15% sobre a remuneração dos empresários e dos trabalhadores autônomos e demais pessoas físicas que lhes prestem serviços.

Em seguida, com a EC n. 20/98, a redação do art. 195, I, foi alterada, trazendo para o plano constitucional, em sua alínea "a", a expressa possibilidade de tributar a remuneração de todas as pessoas físicas que prestarem serviços a empresas. Com esta alteração, a matéria relativa à tributação dos autônomos e empresários deixou de ter *status* de lei complementar, no uso da competência residual tributária, passando a poder ser regulada por lei ordinária.

Assim, a Lei n. 9.876 revogou a Lei Complementar n. 84, alterando a alíquota original desta contribuição patronal, a partir de março de 2000, de 15% para os atuais 20%. Essa mesma lei foi responsável pela criação da categoria dos segurados contribuintes individuais, a partir da junção das categorias dos empresários, autônomos e equiparados.

Atualmente, então, as empresas e seus equiparados devem contribuir com 20% sobre a remuneração paga ou creditada aos segurados contribuintes individuais que lhes prestem serviço durante o mês.

No caso das instituições financeiras, é devida, complementarmente, uma contribuição adicional de 2,5% sobre a remuneração dos contribuintes individuais. A alíquota total incidente para estas empresas perfaz 22,5%. Entende-se por instituições financeiras as seguintes empresas: bancos comerciais, bancos de investimento, caixas econômicas, sociedades de crédito, financiamento e investimento, sociedades de crédito imobiliário, sociedades corretoras, distribuidoras de títulos e valores mobiliários, empresas de arrendamento mercantil, cooperativas de crédito, empresas de seguros privados e de capitalização, agentes autônomos de seguros privados e de crédito e entidades de previdência privada abertas e fechadas.

Com a ampliação de competência promovida pela Emenda Constitucional n. 20/98, os Juízes do Trabalho passaram a ter competência para processar e julgar as ações dos trabalhadores autônomos, classificados, atualmente, pela legislação previdenciária como segurados contribuintes individuais. A depender do período do fato gerador das contribuições, o magistrado trabalhista deve aplicar o regramento correspondente.

Assim, para fatos anteriores a maio de 1996, não deve proceder à execução (ADIn 1.102/DF). Para o período compreendido entre maio de 1996 a fevereiro de 2000, deve-se aplicar a alíquota de 15% (vigência da LC 84/96). Por fim, a partir da vigência da Lei n. 9.876/99, em março de 2000, deve ser utilizado o percentual de 20% para a cobrança das contribuições previdenciárias.

4.8. Condutor autônomo de veículo rodoviário

O condutor autônomo de veículo rodoviário é o que exerce atividade profissional sem vínculo empregatício, quando proprietário, coproprietário ou promitente comprador de um só veículo, a exemplo do motorista de caminhão que realiza fretes e carretos ou, até mesmo, do taxista.

O salário de contribuição do condutor autônomo de veículo rodoviário (inclusive o taxista), do auxiliar de condutor autônomo e do operador de máquinas, bem como do cooperado filiado à cooperativa de transportadores autônomos corresponde a 20% do valor bruto auferido pelo frete, carreto, transporte, não se admitindo a dedução de qualquer valor relativo a dispêndios com combustível e manutenção do veículo, ainda que figure discriminada no documento parcela a este título. A alíquota de contribuição deste segurado incidirá apenas sobre esta base.

Quando o condutor autônomo prestar serviço para empresas, terá o valor de suas contribuições retido (inclusive as parcelas do SEST e do SENAT), devendo ser repassado à Previdência até o dia 20 do mês subsequente, antecipando-se o prazo quando não houver expediente bancário no dia 20.

Prestando serviços a pessoas físicas, deve o condutor autônomo recolher diretamente a contribuição previdenciária, acrescida do SEST e SENAT, até o dia 15.

O Juiz do Trabalho pode utilizar o percentual de 20% sobre o valor recebido por este trabalhador para efetuar a execução das contribuições previdenciárias, considerando os 80% restantes como parcelas não remuneratórias, assim como o faz a legislação previdenciária.

4.9. Cooperativas de trabalho

Para compreendermos a problemática da execução das contribuições previdenciárias oriundas de condenação envolvendo trabalhadores cooperados, necessitamos, inicialmente, entender a sistemática da tributação previdenciária das cooperativas de trabalho.

Até a data de entrada em vigor da Lei n. 9.876/99, em março de 2000, a tributação previdenciária das cooperativas de trabalho não possuía qualquer peculiaridade. A cooperativa, considerada como uma empresa como outra qualquer, estava obrigada a pagar a cota patronal de 20% (anteriormente, de 15%) quando remunerasse os seus cooperados, que são enquadrados, de acordo com a legislação previdenciária, na categoria dos contribuintes individuais.

A Lei n. 9.876/99, todavia, alterou fundamentalmente o regramento da tributação das cooperativas, introduzindo o inciso IV ao art. 22 da Lei n. 8.212/91. Esse dispositivo obrigou os contratantes das cooperativas de trabalho a pagar a alíquota de contribuição previdenciária de 15% sobre o valor bruto da nota fiscal ou da fatura de prestação de serviços de cooperados por intermédio de cooperativas de trabalho.

A contribuição das empresas tomadoras de serviço de cooperativas tinha a finalidade de substituir a contribuição que era devida pelas cooperativas de trabalho sobre a remuneração dos seus cooperados. Os legisladores optaram por isentar as cooperativas, no que tange às remunerações repassadas para os seus filiados, criando uma contribuição a cargo das empresas que contratarem seus serviços (Lei n. 9.876/99).

Observa-se que esta contribuição apenas substituía a devida pela cooperativa de trabalho em relação à remuneração dos cooperados, devendo ser recolhidas todas as contribuições incidentes sobre a contratação de empregados, de avulsos ou de contribuintes individuais distintos dos seus associados. Deve esta, ainda, efetuar a retenção das contribuições previdenciárias de todos os segurados, inclusive os cooperados, e repassar os valores à Previdência Social.

Ressalta-se que as cooperativas de produção não eram beneficiadas por essa isenção, devendo contribuir da mesma forma que qualquer empresa, inclusive sobre a remuneração de seus cooperados. A diferença em relação à cooperativa de trabalho é que esta não possui qualquer meio de produção, ficando o seu objeto limitado à venda da força de trabalho. Nunca é demais salientar que não há qualquer contribuição patronal das empresas que compram produtos das cooperativas de produção, mesmo porque a base de cálculo da contribuição previdenciária é o trabalho.

Ocorre que, em sessão realizada em 23.04.2014, o plenário do STF, por unanimidade, julgou o RE n. 595.838, com repercussão geral reconhecida, entendendo que a contribuição previdenciária incidente sobre a nota fiscal de cooperativa de trabalho é inconstitucional.

O Relator, Ministro Dias Toffoli, votou pela inconstitucionalidade do dispositivo (inciso IV do art. 22 da Lei n. 8.212/91, incluído pela Lei n. 9.876/99), sob os seguintes argumentos: 1) extrapolação da base econômica prevista no art. 195, I, "a", da CF; 2) contrariedade ao Princípio da Capacidade Contributiva (art. 145, § 1º da CF); e 3) a contribuição só poderia ter sido instituída por Lei Complementar, conforme previsto no art. 195, § 4º, combinado com o art. 154, I, ambos da CF.

Assim, o STF acolheu a tese de que a contribuição prevista no art. 22, IV, da Lei n. 8.212/91, de 15% sobre o valor bruto da nota fiscal ou fatura de prestação de serviços, relativamente a serviços que lhe são prestados por cooperados por intermédio de cooperativas de trabalho extrapola a previsão do art. 195, I, a, que possibilita a instituição de contribuição sobre a folha de salários e demais rendimentos do trabalho. Logo, para a instituição desta contribuição, seria necessária a edição de lei complementar, com base na competência residual tributária, prevista no art. 195, § 4º, da CF de 1988.

A própria Receita Federal do Brasil se curvou ao entendimento do STF, com a edição do Ato Declaratório Interpretativo 5, de 25.05.2015, determinando que a RFB não mais constitua o crédito referente à contribuição da empresa contratante de cooperativa de trabalho (15%), ou dos respectivos adicionais de 5%, 7% ou 9%.

Por outro lado, este mesmo Ato Declaratório expressou o entendimento da Receita Federal de que as cooperativas devem recolher 20% de contribuição previdenciária quando prestarem serviço para empresa. Isso porque, como não há contribuição patronal, não cabe a dedução dos 45% da contribuição patronal do contratante efetivamente recolhida ou declarada em GFIP, limitada a 9%, prevista no art. 216, § 20, Decreto n. 3.048/99 (*vide* **tópico 8.3.4**).

Entendemos que, se o serviço for prestado por intermédio da cooperativa de trabalho, esta deve reter os 20% da remuneração de seus cooperados e repassar para a previdência social.

Em 31.03.2016, o Senado Federal editou a Resolução n. 10, suspendendo a execução do inciso IV, do art. 22, da Lei n. 8.212/91, que previa a contribuição sobre a nota fiscal das cooperativas de trabalho.

A contribuição das empresas tomadoras de serviço de cooperativas tinha a finalidade de **substituir as contribuições devidas pelas cooperativas de trabalho sobre a remuneração dos seus cooperados**. Anote que a cooperativa de trabalho, assim como a cooperativa de produção, é considerada empresa pela conceituação do Direito Previdenciário e, como tal, deveria contribuir com a alíquota de 20% sobre a remuneração paga a contribuintes individuais, categoria que abrange os cooperados. Os legisladores optaram por isentar as cooperativas, no que tange às remunerações repassadas para os seus filiados, criando uma contribuição a cargo das empresas que contratarem seus serviços (Lei n. 9.876/99).

Com a inconstitucionalidade declarada pelo STF e acatada pela Receita, não existe mais qualquer contribuição patronal relativa à contratação de cooperados por empresas, pois, se, por um lado, as contribuições que eram devidas pela própria cooperativa foram substituídas, por outro, a contribuição substituta foi julgada inconstitucional. Neste cenário, não restou outra interpretação possível senão a de que os cooperados devem recolher o valor integral das contribuições devidas, com a alíquota completa de 20%, conforme previsto no art. 21, da Lei n. 8.212/91, sem a redução de 45% prevista no art. 30, § 4º, da mesma lei.

Observe-se que esta contribuição de 15% (e os adicionais de 5%, 7% ou 9% para financiar a aposentadoria especial) apenas substituía a devida pela cooperativa de trabalho em relação à remuneração dos cooperados. Assim, a cooperativa ainda está obrigada a recolher todas as contribuições incidentes sobre a contratação de empregados, avulsos ou de contribuintes individuais distintos dos seus associados. Deve, ainda, efetuar a retenção de todos os segurados, inclusive os cooperados, e repassar os valores à previdência social.

Entendido o regramento tributário-previdenciário das cooperativas de trabalho, resta saber se o que foi até aqui mencionado gera algum efeito no que pertine à execução da contribuição previdenciária dos segurados cooperados que tiveram as suas relações cooperativistas desconsideradas, com o conseqüente reconhecimento de vínculo trabalhista com o tomador de serviço.

Entendemos que, no caso em tela, até o julgamento da inconstitucionalidade do art. 22, IV, da Lei n. 8.212/91, se restasse demonstrado que o reclamado, tomador do serviço da cooperativa, efetuou o recolhimento dos 15% sobre a nota fiscal da cooperativa de trabalho, poderia ele eximir-se do recolhimento de contribuição previdenciária sobre certas parcelas, que já foram substituídas pela mencionada alíquota.

Com o julgamento da inconstitucionalidade, no entanto, não há qualquer diferença na execução das contribuições previdenciárias no caso de reconhecimento de vínculo empregatício do cooperado com o tomador de serviço.

4.10. Alíquota diferenciada — aposentadoria especial

A aposentadoria especial é devida aos segurados empregados, avulsos e contribuintes individuais filiados à cooperativa de trabalho ou de produção que tenham trabalhado durante 15, 20 ou 25 anos, conforme o caso, em condições especiais que prejudiquem a saúde e a integridade física.

De acordo com os §§ 6º e 7º do art. 57 da Lei n. 8.213/91, para o financiamento desta aposentadoria especial, as empresas devem pagar uma alíquota adicional de 6%, 9% ou 12%, respectivamente, se a atividade exercida pelo segurado, a serviço da empresa, ensejar a concessão do benefício após 25, 20 ou 15 anos de contribuição. O referido complemento incide, exclusivamente, sobre a remuneração dos segurados expostos a agentes nocivos que prejudiquem a saúde e a integridade física.

Caso a empresa tenha 500 funcionários contratados, mas somente 10 destes estejam expostos a agentes nocivos à saúde, será devido o adicional apenas sobre a remuneração destes 10 empregados.

Os agentes nocivos que ensejam o direito à aposentadoria especial estão arrolados no Anexo IV, do Regulamento da Previdência Social, aprovado pelo Decreto n. 3.048/99, e são classificados em:

Físicos — Os ruídos, as vibrações, o calor, a umidade, a eletricidade, as pressões anormais, as radiações ionizantes e as radiações não ionizantes;

Químicos — Os manifestados por névoas, neblinas, poeiras, fumos, gases, vapores de substâncias nocivas presentes no ambiente de trabalho absorvidos pela via respiratória, bem como aqueles que foram passíveis de absorção por meio de outras vias, por exemplo: benzeno e arsênio;

Biológicos — Os micro-organismos como bactérias, fungos, parasitas, bacilos e vírus, dentre outros.

As empresas devem elaborar o PPRA — Programa de Prevenção de Riscos Ocupacionais, o PCMSO — Programa de Controle Médico e Saúde Ocupacional e, em substituição aos antigos formulários SB-40, DISES BE 5235, DSS 8030, DIRBEN 8030, o PPP — Perfil Profissiográfico Previdenciário. Com base nesta documentação, é efetuado o enquadramento dos empregados em "expostos" ou "não expostos" a agentes nocivos.

Em relação à execução das contribuições previdenciárias na Justiça do Trabalho, podemos afirmar que, nos casos em que o reclamante faça jus à contagem de tempo especial, a alíquota de contribuição empregada deve ser acrescida de 6%, 9% ou 12%, a depender do tempo necessário para a aposentadoria.

Mas como é possível saber se o reclamante está ou não exposto a algum agente nocivo e qual o tempo de aposentadoria necessário, em caso de contato com cada substância, para se executar a parcela adicional de contribuição previdenciária? Para responder a esta pergunta, primeiramente, fazem-se necessários alguns esclarecimentos.

Em relação ao tempo de exposição, o Anexo IV, do Regulamento da Previdência Social apenas prevê o direito à aposentadoria especial em 15 anos, devido à cumulação de agentes químicos, físicos e biológicos, no caso de trabalhos em atividades permanentes no subsolo de minerações subterrâneas **em frente de produção** (item 4.0.2, do Anexo IV, do RPS). Assim, se o reclamante trabalha em uma mineração subterrânea em frente de produção, o juiz deve executar as contribuições com o acréscimo de 12%.

Também são poucas as situações em que há previsão no Anexo IV para a aposentadoria especial em 20 anos de contribuição (alíquota acrescida de 9%), resumindo-se a atividades de mineração subterrânea que sejam exercidas **afastadas das frentes de produção** (item 4.0.1, do Anexo IV, do RPS) e às atividades que sejam executadas em contato com a substância "asbesto", que, de acordo com o item 1.0.2, do Anexo IV, do RPS, pode ser encontrada em:

a) extração, processamento e manipulação de rochas amiantíferas;

b) fabricação de guarnições para freios, embreagens e materiais isolantes contendo asbestos;

c) fabricação de produtos de fibrocimento;

d) mistura, cardagem, fiação e tecelagem de fibras de asbestos.

Todos os demais agentes nocivos ensejam aposentadoria especial de 25 anos, devendo ser cobrado um adicional de alíquota de 6%.

Nota-se que, em regra, os agentes nocivos arrolados no Anexo IV do Regulamento da Previdência Social são os mesmos constantes da Norma Regulamentadora 15, do Ministério do Trabalho, que lista os agentes nocivos que desencadeiam o direito do trabalhador ao adicional de insalubridade.

Dessa forma, é, em regra, presumível que, quando o trabalhador receba o adicional de insalubridade, ele faça jus, também, ao benefício da aposentadoria especial. Isso pode facilitar a identificação pelo juiz dos casos em que é necessária a aplicação do acréscimo de alíquota na execução das contribuições previdenciárias.

Salienta-se, todavia, que há hipóteses em que o adicional de insalubridade é pago ao trabalhador por força de negociação coletiva, sem que este esteja efetivamente exposto ao agente nocivo. Nesses casos, por óbvio, não deve ser executada a alíquota adicional.

Por fim, não podemos deixar de ressaltar que a Lei n. 11.941/09 incluiu o § 4º ao art. 43 da Lei n. 8.212/91, prevendo, expressamente, a necessidade de a Justiça do Trabalho proceder à execução da parcela adicional em comento, com a seguinte redação:

No caso de reconhecimento judicial da prestação de serviços em condições que permitam a aposentadoria especial após 15, 20 ou 25 anos de contribuição, serão devidos os acréscimos de contribuição de que trata o § 6º do art. 57 da Lei n. 8.213, de 24.07.1991.

4.11. Situações especiais de execução em caso de litisconsorte passivo

Em algumas situações especiais, tais como as de processos que contenham litisconsortes passivos, há grande dificuldade para que o Juiz do Trabalho identifique a correta forma de execução das contribuições previdenciárias.

Isso ocorre nas situações em que, no polo passivo da demanda trabalhista, estão presentes empresa que possua a base de cálculo substituída da folha de pagamento para o faturamento e empresa que sofra a tributação previdenciária sobre a folha.

Como já visto, em determinados ramos empresariais, as contribuições previdenciárias são recolhidas com base na receita, não devendo ser procedida à execução destas na Justiça do Trabalho.

O que fazer, no entanto, no caso de, no polo passivo da lide, figurar uma empresa que seja tributada de forma substitutiva e outra que seja tributada pela folha? Deve o juiz proceder à execução das contribuições previdenciárias?

Vamos, neste tópico, trabalhar com dois casos concretos para tentar responder à pergunta.

Situação 1 — Solidariedade — Uma reclamação de um trabalhador que exerça as suas atividades em empresa rural (com substituição) e peça a condenação solidária de outra empresa do grupo que não recolha de forma substitutiva

No caso de devedor solidário, entendemos que deve prevalecer a situação do devedor principal. Se ele contribui de forma substitutiva, não deve ser procedida à execução das contribuições previdenciárias na Justiça do Trabalho.

Nota-se que o devedor solidário é corresponsável pela obrigação; assim, uma vez inexistindo a obrigação de recolhimento de contribuições previdenciárias, não há, também, a responsabilidade solidária.

Situação 2 — Grupo Econômico — Empregador Único — Um empregado que trabalhe para duas empresas do mesmo grupo econômico, em que uma delas contribua de forma substitutiva e a outra contribua com base na folha de pagamento, sendo o trabalhador considerado empregado do grupo

A situação relatada é realmente bastante complexa, pois, apesar de o trabalhador prestar serviço para as duas empresas, a sua carteira de trabalho deve ser registrada por apenas uma delas, percebendo, o empregado, apenas uma remuneração. Nota-se que o fato de o trabalhador exercer as suas atividades para diversas empresas de um mesmo grupo é digno de registro nas anotações gerais da CTPS.

Poder-se-ia considerar como empregador principal o que assinou a carteira de trabalho e o outro, como secundário. Acreditamos, no entanto, que este formalismo pode facilitar a fraude, pois a assinatura por uma das empresas (a que tem a contribuição substituída) não gera qualquer efeito no pagamento de tributos previdenciários.

Em nosso entendimento, o mais correto seria que o juízo apurasse para qual das empresas o trabalhador despendeu mais esforço laboral e considerasse esta como a empregadora principal, não só para os efeitos trabalhistas, mas também para a execução das contribuições previdenciárias.

Nos raros casos em que o empregado trabalhe de forma equivalente para as duas empresas do grupo, sem qualquer predominância, deve o juiz aplicar a regra do *in dubio pro* contribuinte, deixando de executar as contribuições previdenciárias.

4.12. *Restituição de contribuições executadas indevidamente e repetição de indébito*

A restituição é o procedimento de ressarcimento de valores pagos a maior ou indevidamente pelo empregador, inclusive os referentes à atualização monetária, aos juros de mora e à multa. O pedido de restituição deve ser formulado ao ente arrecadador (Receita Federal do Brasil), que será responsável pela análise e pelo despacho conclusivo sobre o processo.

O art. 165 do Código Tributário Nacional dispõe que o sujeito passivo tem direito às restituições total ou parcial do tributo, seja qual for a modalidade do seu pagamento, nos seguintes casos:

I — cobrança ou pagamento espontâneo de tributo indevido ou maior que o devido em face da legislação tributária aplicável, ou da natureza ou circunstâncias materiais do fato gerador efetivamente ocorrido;

II — erro na edificação do sujeito passivo, na determinação da alíquota aplicável, no cálculo do montante do débito ou na elaboração ou conferência de qualquer documento relativo ao pagamento;

III — reforma, anulação, revogação ou rescisão de decisão condenatória.

Em relação ao prazo decadencial, o art. 168 do CTN dispõe que o direito de pleitear a restituição se extingue com o decurso do prazo de 5 anos, contados:

I — nas hipóteses dos incisos I e II do art. 165, da data da extinção do crédito tributário;

II — na hipótese do inciso III do art. 165, da data em que se tornar definitiva a decisão administrativa ou passar em julgado a decisão judicial que tenha reformado, anulado, revogado ou rescindido a decisão condenatória.

E o que ocorre se ficar cabalmente comprovado que a Justiça do Trabalho executou equivocadamente, a maior, o valor das contribuições previdenciárias devidas pelas partes? É possível, nesse caso, pensarmos em restituição administrativa da diferença paga ou em processo de repetição de indébito? Ou não seria possível, devido ao trânsito em julgado da sentença, cabendo, como único remédio, a ação rescisória? Seria necessária a anulação da sentença condenatória para nascer o direito à restituição?

Pode-se observar que a situação aqui tratada é muito complexa. É bastante coerente o raciocínio de que somente seria possível a restituição em caso da situação prevista no inciso III do art. 165 do CTN, ou seja, no caso de reforma, anulação, revogação ou rescisão de decisão condenatória.

Ressalta-se que a decisão de que imputa a execução das contribuições previdenciárias tem natureza condenatória. Então, nessa linha de raciocínio, após o seu trânsito em julgado, ela somente poderia ser reformada por meio da ação rescisória, quando cabível.

Contrários à linha de raciocínio exposta, acreditamos que, ao executar as contribuições previdenciárias, a Justiça do Trabalho, por determinação constitucional, faz o papel de autoridade administrativa, constituindo o crédito tributário. Assim, deve a administração permitir a restituição de valores executados a maior, na Justiça do Trabalho, sob pena de ferir o princípio da vedação ao enriquecimento ilícito.

Nessa mesma linha, caso a administração tributária se recuse a restituir os valores pagos a maior ou indevidamente, nas ações trabalhistas, o contribuinte pode ingressar com ação de repetição de indébito na Justiça Federal. Pode, ainda, para evitar uma longa execução do crédito oriundo da ação de repetição de indébito, ajuizar uma ação requerendo a declaração do direito de compensar o crédito automaticamente em GFIP.

A restituição também é cabível, ao nosso ver, no caso de execução de contribuição previdenciária pela Justiça do Trabalho todas as vezes em que a Autarquia Previdenciária não reconhecer o direito à contagem de tempo de contribuição do período executado (*vide* próximo capítulo desta obra).

5
Reconhecimento do tempo de contribuição decorrente de processos trabalhistas

5.1. Panorama

Quando tratamos do tema das contribuições previdenciárias na Justiça do Trabalho, uma das questões mais polêmicas é, sem qualquer dúvida, o reconhecimento do tempo de contribuição pela Autarquia Previdenciária oriundo dos processos trabalhistas.

Os magistrados trabalhistas, em regra, acreditam que, em todos os processos em que houve reconhecimento de uma relação laboral na esfera judicial, deve haver a respectiva repercussão, direta e imediata, no direito previdenciário do segurado, com o aproveitamento do tempo reconhecido para concessão dos benefícios previdenciários.

À primeira vista, esse raciocínio parece bastante adequado, pois, se a contagem do tempo de contribuição do segurado empregado se dá, automaticamente, com o exercício da atividade remunerada, então, ficando reconhecida a relação trabalhista, nasceria como consequência imediata o direito à contagem do tempo de contribuição.

Observa-se que o § 22 do art. 32 do Regulamento da Previdência Social — RPS, aprovado pelo Decreto n. 3.048/99, explicita os parâmetros para a contagem de tempo de contribuição dos segurados, conforme transcrito:

Considera-se período contributivo:

I — para o empregado, empregado doméstico e trabalhador avulso: o conjunto de meses em que houve ou deveria ter havido contribuição em razão do exercício de atividade remunerada sujeita a filiação obrigatória ao regime de que trata este Regulamento; ou

II — para os demais segurados, inclusive o facultativo: o conjunto de meses de efetiva contribuição ao regime de que trata este Regulamento.

Ressalta-se, ainda, que o tempo de atividade dos segurados empregados, domésticos e avulsos é também contado para fins de carência (art. 28, I, do RPS), independentemente de ter havido a contribuição correspondente.

Esta proteção ao trabalho destes segurados é totalmente compreensível, vez que a contribuição previdenciária incidente sobre as suas remunerações é de responsabilidade pessoal do tomador de serviços, mesmo em relação à contribuição do trabalhador, que deve ser por ele retida e repassada ao ente arrecadador.

Assim, para estes segurados, independentemente de haver o recolhimento do tributo previdenciário, o tempo de atividade laboral deve ser contado para todos os fins previdenciários. Se o Estado for ineficiente e deixar de exigir a tempo o recolhimento das contribuições previdenciárias de responsabilidade do tomador de serviço, isso não pode, de forma alguma, afetar o direito do segurado.

O § 5º, do art. 33, da Lei n. 8.212/91 imputa responsabilidade pessoal à empresa pelos descontos de contribuição legalmente autorizados, não sendo lícito que ela alegue omissão da retenção para se eximir do recolhimento, ou seja, o tomador de serviços se torna responsável pelas contribuições, independentemente de tê-las retido dos segurados.

Com todo este arcabouço de norma protetiva, é perfeitamente justificável o raciocínio de que basta o reconhecimento da relação laboral pelo juiz do Trabalho, para que o tempo de contribuição seja reconhecido pelo INSS.

Ocorre que os elementos de prova legalmente exigidos para o reconhecimento da relação laboral na Justiça do Trabalho não são os mesmos dos exigidos para possibilitar o reconhecimento do tempo de contribuição na esfera previdenciária.

Em um primeiro momento, essa afirmação pode soar desprovida de razoabilidade, mas, se raciocinarmos que a Justiça Trabalhista protege a segurança de relações privadas, enquanto o Direito Previdenciário trata de relação de Direito Público entre o particular e o Estado, podemos entender como perfeitamente possível a diferença de critérios para o reconhecimento do tempo.

Para deixar mais tangível a diferenciação entre a proteção ao Direito Privado do reclamante e ao Direito Público do segurado, vamos trabalhar com a situação que segue.

Supondo que um trabalhador, no intuito de lesar a Previdência Social, ajuíze uma reclamação trabalhista contra uma empresa que deixou de operar há mais de 10 anos por motivo de insolvência, pedindo o reconhecimento da relação de emprego no período de 1980 a 2010, sem, contudo, apresentar qualquer documento comprobatório do referido vínculo. A empresa reclamada, tendo cessado suas atividades, não compareceu à audiência de conciliação, nem apresentou defesa. De acordo com as regras processuais trabalhistas, o reclamado é punido com a pena de confissão em relação à matéria fática, e a relação de emprego é reconhecida para o período alegado na inicial.

O caso demonstra como funciona a proteção ao direito privado do trabalhador, que inúmeras vezes tem a tutela ao seu pleito deferida por regras processuais de distribuição do ônus da prova, que não são aplicáveis ao direito público.

Ora, se assim não fosse, seria possível que um conluio entre as partes, no qual acordassem o reconhecimento de vínculo de período já prescrito do ponto de vista trabalhista e decadente do ponto de vista previdenciário, visando, apenas, à concessão de um benefício previdenciário. Para evitar esta e outras tentativas de fraude, a legislação cria amarras para resguardar os cofres públicos.

Foi, exatamente, buscando a proteção ao patrimônio público que se inseriu o art. 55, § 3º, na Lei n. 8.213/91, vedando a prova exclusivamente testemunhal para fins de contagem de tempo de contribuição, conforme transcrito:

> § 3º A comprovação do tempo de serviço para os efeitos desta Lei, inclusive mediante justificação administrativa ou judicial, conforme o disposto no art. 108, só produzirá efeito quando baseada em início de prova material, não sendo admitida prova exclusivamente testemunhal, salvo na ocorrência de motivo de força maior ou caso fortuito, conforme disposto no Regulamento.

Esse dispositivo explicita a vedação à utilização de prova exclusivamente testemunhal para que seja contado o período laboral para fins previdenciários, exigindo-se o início de prova material do alegado vínculo, que pode ser complementado e validado com um procedimento de justificação administrativa ou judicial.

Nota-se que, com a aplicação deste dispositivo legal, o tempo de relação laboral reconhecido na Justiça do Trabalho por meio de confissão ficta ou por meio de prova exclusivamente testemunhal não pode ser aproveitado para fins previdenciários. Se, todavia, nos autos do processo trabalhista, houver início de prova material da relação alegada, o tempo de contribuição deve ser aproveitado para fins previdenciários.

Esta regra, que exclui a possibilidade de contagem do tempo de contribuição com base apenas em prova testemunhal, já foi alvo de questionamento na esfera judicial, sob o argumento de que todas as provas lícitas devem ser admitidas no Direito.

Percebe-se, no entanto, que o próprio Código de Processo Civil vigente, ao dispor sobre a prova testemunhal, no seu art. 442 (art. 400, do CPC revogado), faz ressalva, no que tange a sua utilização, conforme podemos aferir da redação que segue: "A prova testemunhal é sempre admissível, não dispondo a lei de modo diverso".

Conjugando-se o disposto no § 3º, do art. 55, da Lei n. 8.213/91 com o art. 442, do CPC, entendemos ser perfeitamente possível mitigar a utilização da prova exclusivamente testemunhal para proteção do patrimônio público.

Esse entendimento é o que foi também pacificado na esfera judicial, com a edição da Súmula 149 do Superior Tribunal de Justiça (DJ 18.12.1995), que trata da comprovação do tempo do rurícola, conforme segue: "A prova exclusivamente testemunhal não basta à comprovação da atividade rurícola, para efeito da obtenção de benefício previdenciário".

Nota-se que, mesmo para o trabalho do rurícola, no qual a comprovação documental da atividade é ainda mais difícil, e o tempo de atividade rural é condição suficiente para a fruição dos benefícios previdenciários, o STJ adotou este entendimento.

Assim, entendemos que os critérios para comprovação da relação jurídica trabalhista são diferentes dos critérios para a comprovação da relação jurídica previdenciária nos processos trabalhistas. Desta forma, é perfeitamente possível imaginar que em diversas reclamatórias se comprova a relação trabalhista por meio de confissão ficta, de prova exclusivamente testemunhal ou de confissão, mas não se comprova a relação previdenciária, por falta de início de prova material.

Nestas situações, defendemos que o juiz do trabalho **não deve executar as contribuições previdenciárias** decorrentes das sentenças não embasadas em início de prova material, pois não ficaria comprovada a existência de relação jurídica previdenciária. Mesmo que o magistrado proceda à execução, o INSS não reconhecerá o tempo de contribuição devido à ausência de prova material no processo. Neste caso, a Receita Federal deveria devolver o valor executado indevidamente.

Observa-se, todavia, que a vedação legal à utilização de prova exclusivamente testemunhal é restrita à contagem do tempo de contribuição. Podemos questionar, então, se tal vedação deveria também ser estendida à comprovação dos valores dos salários de contribuição do segurado constantes nos sistemas da Previdência Social.

Para deixar mais claro o nosso questionamento, vamos trabalhar com a hipótese de um trabalhador que possui uma remuneração registrada de R$ 1.500,00 e consiga comprovar em um processo trabalhista, pela via exclusivamente testemunhal, que recebia um valor de horas extras mensal de R$ 1.000,00, não registrado nas folhas de pagamento. A decisão deste processo, mesmo sem início de prova material, poderia ser utilizada para revisão dos valores dos salários de contribuição constantes do Cadastro Nacional de Informações Sociais — CNIS (sistema previdenciário de registro de informações), afetando diretamente o benefício futuro do segurado?

Entendemos que há bons argumentos para defender que esta revisão poderia ser feita, como, também, para se adotar entendimento contrário.

A análise legalista levaria à necessária conclusão de que o dispositivo legal do § 3º, do art. 55, da Lei n. 8.213/91 somente vedou a utilização de prova exclusivamente testemunhal para a contagem do tempo de contribuição e de que o próprio Código de Processo Civil (art. 442) só restringe a utilização da prova testemunhal quando a lei dispuser neste sentido.

Pode-se, todavia, defender a aplicação analógica dos dispositivos que vedam a utilização da prova exclusivamente testemunhal para o caso de revisão de valores constantes do CNIS, vez que, se o objetivo da norma é de combater a fraude e de proteger o patrimônio público, ela deve ser estendida a toda e qualquer possibilidade de lesão aos cofres públicos.

Em nosso entendimento, a administração pública não deve proceder automaticamente à revisão para proteger a própria previdência e, consequentemente, os bens de toda a massa de segurados. O Poder Judiciário, entretanto, pode valer-se da análise de cada caso concreto para decidir se os valores devem ou não ser corrigidos, não aplicando de forma automática a Súmula 149 do STJ. Observe-se que a apreciação do Juiz do Trabalho fica restrita ao direito privado do trabalhador, não tendo como preocupação a repercussão dos seus atos na esfera pública. Um julgamento do caso pelo Magistrado Federal não seria uma reanálise do processo trabalhista, pois os objetivos são completamente distintos.

No próximo tópico explicitaremos a posição administrativa sobre os pontos aqui tratados e demonstraremos que nas normas do próprio INSS é permitida a alteração dos salários de contribuição do CNIS, oriunda de processos trabalhistas mesmo sem início de prova material. Veremos que a própria norma da autarquia previdenciária somente veda a contagem de tempo de contribuição sem início de prova material, mas não estende tal proibição a revisão dos valores das bases previdenciárias.

5.2. Normas Administrativas

A Instrução Normativa 77/INSS-Pres, de 21/01/2015, traz uma serie de normas que determinam o procedimento a ser adotado pelo Instituto

Nacional do Seguro Social, em relação aos efeitos previdenciários dos processos trabalhistas.

O art. 71, da IN 77/2015, sobre a concessão ou revisão dos benefícios com base em processos trabalhistas, dispõe:

> Art. 71. A reclamatória trabalhista transitada em julgado restringe-se à garantia dos direitos trabalhistas e, por si só, não produz efeitos para fins previdenciários. **Para a contagem do tempo de contribuição e o reconhecimento de direitos para os fins previstos no RGPS**, a análise do processo pela Unidade de Atendimento deverá observar:
>
> I — **a existência de início de prova material**, observado o disposto no art. 578;
>
> II — o início de prova referido no inciso I deste artigo deve constituir-se de **documentos contemporâneos** juntados ao processo judicial trabalhista ou no requerimento administrativo e que possibilitem a comprovação dos fatos alegados;
>
> III — observado o inciso I deste artigo, **os valores de remunerações** constantes da reclamatória trabalhista transitada em julgado, salvo o disposto no § 3º deste artigo, **serão computados, independentemente de início de prova material, ainda que não tenha havido o recolhimento das contribuições devidas à Previdência Social**, respeitados os limites máximo e mínimo de contribuição; e
>
> IV — tratando-se de reclamatória trabalhista transitada em julgado **envolvendo apenas a complementação de remuneração de vínculo empregatício devidamente comprovado, não será exigido início de prova material**, independentemente de existência de recolhimentos correspondentes.
>
> § 1º A apresentação pelo filiado da decisão judicial em inteiro teor, com informação do trânsito em julgado e a planilha de cálculos dos valores devidos homologada pelo Juízo que levaram a Justiça do Trabalho a reconhecer o tempo de contribuição ou homologar o acordo realizado, na forma do inciso I do *caput*, não exime o INSS de confrontar tais informações com aquelas existentes nos sistemas corporativos disponíveis na Previdência Social para fins de validação do tempo de contribuição.
>
> § 2º O cálculo de recolhimento de contribuições devidas por empregador doméstico em razão de determinação judicial em reclamatória trabalhista não dispensa a obrigatoriedade do requerimento de inclusão de vínculo com vistas à atualização de informações no CNIS.
>
> § 3º O disposto nos incisos III e IV do *caput* não se aplicam ao contribuinte individual para competências anteriores a abril de 2003 e nem ao empregado doméstico, em qualquer data.

Observa-se que, para que o INSS reconheça administrativamente o tempo de contribuição decorrente das ações trabalhistas, é necessário que, no processo, esteja acostado um início de prova material.

De forma diversa, no entanto, para que a Autarquia Previdenciária proceda à revisão dos salários de contribuição com base em processos trabalhistas, não se exige mais, desde a publicação da IN 45, de 06.08.2010, início de prova material. Esta regra foi mantida na IN 77/2015.

Nota-se que a legislação traz uma breve definição do que seja início de prova material, definindo-o como "**documentos contemporâneos** que possibilitem a comprovação dos fatos alegados, juntados ao processo judicial ou ao requerimento administrativo do benefício".

Com essa definição, fica excluída a possibilidade de reconhecimento de tempo de contribuição com base em documentos extemporâneos ao período efetivamente laborado, como carteira de trabalho assinada durante o curso do processo trabalhista, declarações atuais que, por escrito, reconheçam o vínculo ou qualquer outro documento que não tenha sido produzido durante o alegado vínculo.

De fato, reconhecer a possibilidade de utilizar como início de prova material documentos produzidos extemporaneamente seria o mesmo que tornar ineficaz a norma de exigência de início de prova material. A assinatura de carteira de trabalho na secretaria da vara, ordenada em Juízo, é um exemplo típico de prova material extemporânea.

Já art. 72, da IN 77/2015 trata, especificamente, das peculiaridades das ações judiciais que versem sobre a reintegração, conforme segue:

> Art. 72. Tratando-se de reclamatória trabalhista que determine a **reintegração do empregado**, para a contagem do tempo de contribuição e o reconhecimento de direitos para os fins previstos no RGPS, deverá ser observado:
>
> I — apresentação de cópia do processo de reintegração com trânsito em julgado ou certidão de inteiro teor emitida pelo órgão onde tramitou o processo judicial; e
>
> II — **não será exigido início de prova material, caso comprovada a existência do vínculo anteriormente**.

Percebe-se que a própria IN 45/2010 diferencia o processo de reintegração dos processos de reconhecimento de vínculo trabalhistas, não exigindo, nestes casos, início de prova material, por entender que a prova de vínculo trabalhista pode já existir em relação ao período de tempo originário.

5.3. A GFIP

A Guia de Recolhimento de FGTS e de Informações à Previdência Social — GFIP é um documento de fundamental importância para a arrecadação e a fiscalização previdenciária, assim como para a administração dos benefícios previdenciários.

A obrigação de prestar informações relacionadas aos fatos geradores de contribuição previdenciária surgiu com a edição da Lei n. 9.528, de 10.12.1997, regulamentada pelo Decreto n. 2.803, de 20.10.1998, tendo sido, posteriormente, inserida no Regulamento da Previdência Social — RPS, aprovado pelo Decreto n. 3.048, de 06.05.1999.

A exigência de prestar informações está atualmente prevista no art. 32, IV, da Lei n. 8.212/91, com redação alterada pela Lei n. 11.941/2009, contendo a seguinte redação:

Art. 32. A empresa é também obrigada a:

IV — declarar à Secretaria da Receita Federal do Brasil e ao Conselho Curador do Fundo de Garantia do Tempo de Serviço — FGTS, na forma, prazo e condições estabelecidos por esses órgãos, dados relacionados a fatos geradores, base de cálculo e valores devidos da contribuição previdenciária e outras informações de interesse do INSS ou do Conselho Curador do FGTS;

A GFIP é um documento de declaração mensal de todos os fatos geradores de contribuição previdenciária e de contribuição para o FGTS. Nesse documento, os empregadores, exceto os domésticos não optantes pelo recolhimento de Fundo de Garantia por Tempo de Serviço, estão obrigados a informar mensalmente o nome, o PIS ou NIT (Número de Inscrição do Trabalhador) e demais dados cadastrais de todos os trabalhadores que lhes prestaram serviço, assim como os valores de seus salários de contribuição.

Ela tem uma grande importância, do ponto de vista social, pois, em regra, os dados dali constantes migram automaticamente para o Cadastro Nacional de Informações Sociais, alimentando o sistema de concessão de benefícios do INSS. Atualmente, o cálculo do tempo de contribuição e do valor do benefício pode ser efetuado diretamente pelo sistema, com base nas informações declaradas pelas empresas.

Observa-se que o art. 29-A da Lei n. 8.213/91 deixa bem clara a importância da GFIP para a concessão dos benefícios previdenciários. É que o referido dispositivo determina que o INSS utilize as informações constantes do Cadastro Nacional de Informações Sociais — CNIS sobre os vínculos e as remunerações dos segurados, para fins de cálculo do salário de benefício, comprovação de filiação ao Regime Geral de Previdência Social, tempo de contribuição e relação de emprego.

Caso a informação constante do CNIS esteja errada ou incompleta, o segurado poderá solicitar, a qualquer momento, a inclusão, a exclusão ou a retificação de informações, com a apresentação de documentos comprobatórios dos dados divergentes (art. 29-A, § 2º, da Lei n. 8.213/91).

De acordo com o § 3º, do art. 29-A, da Lei n. 8.213/91, a aceitação de informações relativas a vínculos e remunerações inseridas extemporaneamente no CNIS, inclusive retificações de informações anteriormente inseridas, fica condicionada à comprovação dos dados ou das divergências apontadas, conforme critérios definidos em regulamento.

O INSS considera extemporânea a inserção de dados decorrentes de documento inicial (primeira GFIP entregue) ou de retificação de dados anteriormente informados, quando o documento, a retificação ou a informação retificadora forem apresentados após os prazos estabelecidos em regulamento (art. 29-A, § 4º, da Lei n. 8.213/91).

Percebe-se que a Lei atribuiu ao Regulamento a tarefa de definir os critérios para que determinada declaração seja considerada extemporânea, passando a exigir comprovação dos dados declarados. Dessa forma, o § 3º, do art. 19 do Regulamento da Previdência Social considera extemporânea a inserção de dados:

> I — relativos à data de início de vínculo, sempre que decorrentes de documento apresentado após o transcurso de até cento e vinte dias do prazo estabelecido pela legislação, cabendo ao INSS dispor sobre a redução desse prazo;
>
> II — relativos a remunerações, sempre que decorrentes de documento apresentado:
>
> a) **após o último dia do quinto mês subsequente ao mês da data de prestação de serviço pelo segurado**, quando se tratar de dados informados por meio da Guia de Recolhimento do Fundo de Garantia do Tempo de Serviço e Informações à Previdência Social — GFIP; e
>
> b) após o último dia do exercício seguinte a que se referem as informações, quando se tratar de dados informados por meio da Relação Anual de Informações Sociais — RAIS;
>
> III — relativos a contribuições, sempre que o recolhimento tiver sido feito sem observância do estabelecido em lei. (grifo nosso)

Essa definição de extemporaneidade afeta diretamente as informações oriundas de processos trabalhistas, pois, em regra, as remunerações ali declaradas ultrapassam o prazo de cinco meses da prestação de serviço, sendo, assim, consideradas extemporâneas.

Se os dados relativos à remuneração dos trabalhadores forem corretamente declarados em GFIP, apresentada esta no prazo legal, o segurado não precisa mais comprovar sua condição de filiado ao regime previdenciário e os valores de seus salários de contribuição mensais. Os requisitos necessários para solicitar o benefício são também aferidos com base nas informações migradas para o CNIS, a partir das GFIP entregues.

Os dados dos salários de contribuição constantes do CNIS servem de prova para fins de cálculo do valor dos benefícios previdenciários a partir de 01.07.1994, pois, de acordo com a legislação previdenciária, os salários de contribuição anteriores a esta data são irrelevantes para o cálculo do efetivo valor dos benefícios.

Nota-se que, antes da criação da GFIP, vigente a partir de janeiro de 1999, os sistemas previdenciários eram alimentados com informações constantes da RAIS — Relatório Anual de Informações Sociais.

A GFIP é também um documento muito importante para a Secretaria da Receita Federal do Brasil, na medida em que possibilita a apuração dos valores dos créditos tributários, com base nos fatos geradores declarados.

Para a arrecadação, a GFIP é um instrumento que contribui para o planejamento e o direcionamento da ação fiscal. Possibilita, ainda, a cobrança automática dos créditos previdenciários, permitindo que a força da fiscalização externa seja toda utilizada no combate à sonegação.

A GFIP permite que se realize a auditoria fiscal com prévio conhecimento da situação da empresa, incluindo os tipos de fatos geradores, alíquotas de contribuição previdenciária e de outras entidades e fundos, quantidade e tipos de vínculos, trabalhadores expostos a agentes nocivos, inadimplência, pagamento de salário-família, maternidade, compensação, retenção, isenção, substituição tributária, entre outros.

5.4. A entrega da GFIP nas reclamações trabalhistas como elemento facilitador da contagem de tempo de contribuição

A entrega da GFIP relativa às reclamatórias trabalhistas é fundamental para facilitar o reconhecimento pelo INSS do tempo de contribuição oriundo dos processos laborais.

Dessa forma, levando em conta a obrigatoriedade da entrega deste documento em caso de reclamatória trabalhista (prevista na IN 880, que aprovou o Manual da GFIP), entendemos que o magistrado trabalhista deve, de ofício, condenar a empresa na sua elaboração e apresentação, sob pena de multa diária para o caso de descumprimento da obrigação imposta.

Isso porque, se ao Juiz do Trabalho cabe executar, de ofício, as contribuições previdenciárias, por óbvio, compete a este, também, determinar as providencias cabíveis para que a contribuição executada possa ser identificada pela Autarquia Previdenciária.

Vislumbramos, ainda, a possibilidade de o Juiz Trabalhista ordenar que, no caso de não apresentação de GFIP, este documento seja feito pela secretária da vara, aplicando-se analogicamente o disposto no art. 39, § 1º, da CLT (assinatura de carteira de trabalho em secretaria). Isso porque, na esfera previdenciária, a GFIP é documento relevante para contagem do tempo de contribuição, pois os dados dali constantes migram para o sistema da Previdência Social (CNIS).

É uma pena que a estrutura atual das varas trabalhistas, aliada à complexidade na elaboração da GFIP, torne utópica a sua feitura pela secretária da vara. Isso significa que, nos casos em que o empregador não elabore a GFIP, o Juiz do Trabalho acaba por executar as contribuições previdenciárias, sem a devida identificação do beneficiário da prestação previdenciária.

Nota-se, todavia, que a entrega da GFIP não faz com que o tempo de contribuição seja contado automaticamente pela Autarquia Previdenciária, visto que as informações prestadas são consideradas extemporâneas e passiveis de verificação do início de prova material. De toda forma, a GFIP pode facilitar muito a análise do processo de contagem de tempo decorrente das lides trabalhistas.

As normas concernentes ao preenchimento da Guia de Recolhimento de FGTS e Informações à Previdência Social — GFIP estão arroladas no Manual da GFIP, documento aprovado pela Instrução Normativa n. 880, de 16.10.2008.

De acordo com o item 1.2, do Capítulo III, do Manual da GFIP, em caso de verbas resultantes de reclamatórias trabalhistas, deve ser elaborada a GFIP de código 650, quando houver a necessidade de se recolher o FGTS e, ao mesmo tempo, prestar informações à Previdência Social relativas aos fatos geradores.

Quando a GFIP da ação trabalhista for efetuada com a finalidade exclusiva de recolher o FGTS, sem necessidade de prestar informações à Previdência, tal documento deve ser entregue com a utilização do código 660. Essa situação ocorre, por exemplo, quando o magistrado trabalhista determina o recolhimento do FGTS em atraso, que já foi declarado pela empresa, mas que não havia ainda sido recolhido.

O item 8, do Capítulo IV, do citado manual traz diversas normas que devem ser obedecidas no preenchimento da GFIP de reclamatórias trabalhistas.

Uma vez identificado que se trata de uma reclamatória trabalhista, deve-se elaborar uma GFIP para cada mês de reconhecimento de parcelas devidas. Assim, se, no processo, o reclamado foi condenado ao pagamento de R$ 1.000,00, por mês, no período de janeiro de 2014 a dezembro de 2016, devem ser entregues 24 GFIPs (uma para cada mês), informando-se a parcela referente às horas extras.

Na GFIP das reclamatórias trabalhistas, devem ser fornecidas informações específicas sobre o processo em campo próprio, tais como número do processo, ano, vara, período início e período fim da competência.

Referências Bibliográficas

ALEXANDRINO, Marcelo; PAULO, Vicente. *Direito tributário na constituição e no STF*. 6. ed. Rio de Janeiro: Impetus, 2003.

ARRUDA, Maria da Glória Chagas. *A previdência privada aberta como relação de consumo*. São Paulo: LTr, 2004.

ATALIBA, Geraldo. *Hipótese de incidência tributária*. São Paulo: Malheiros, 2000.

ÁVILA, Humberto. *Teoria dos princípios* — da definição à aplicação dos princípios jurídicos. São Paulo: Malheiros, 2003.

BALERA, Wagner. *Sistema de seguridade social*. São Paulo: LTr, 2002.

_____. *Comentários à lei de previdência privada*. São Paulo: LTr, 2005.

_____. *Processo administrativo previdenciário* — benefícios. São Paulo: LTr, 1999.

_____. *Sistema de seguridade social*. São Paulo: LTr, 2000.

BALEEIRO, Aliomar. *Direito tributário*. 11. ed. Atualizada por Misabel Machado Derzi. Rio de Janeiro: Forense, 1999.

BARROSO, Luis Roberto. *Interpretação e aplicação da Constituição*. 2. ed. São Paulo: Saraiva, 1998.

BASTOS, Celso Ribeiro. *Curso de direito administrativo*. São Paulo: Saraiva, 1996.

BELMONTE, Ronaldo. *Obrigações das empresas junto à previdência social*. São Paulo: LTr, 1996.

BOBBIO, Norberto. *Teoria da norma jurídica*. Tradução de: Fernando Pavan Baptista e Ariani Bueno Sudatti. Bauru: Edipro, 2003.

_____. *Teoria do ordenamento jurídico*. 7. ed. Brasília: UnB, 1996.

BONAVIDES, Paulo. *Curso de direito constitucional*. São Paulo: Malheiros, 2000.

BRANDÃO, Cláudio Mascarenhas. *Direito do trabalho*: apontamentos para concurso. Salvador: CDU 349.2, 1998.

BRITO, Edvaldo e outros. *Processo administrativo fiscal*. São Paulo: Dialética, 1995.

CARBONE, Célia Opice. *Seguridade social no Brasil*: ficção ou realidade? São Paulo: Atlas, 1994.

CARNELUTTI, Francesco. *Teoria geral do direito*. Tradução de: Antônio Carlos Ferreira. São Paulo: Lejus, 1999.

CARVALHO, Paulo de Barros. *Curso de direito tributário*. São Paulo: Saraiva, 1993.

CASTILHO, Paulo Cesar Baria de. *Execução de contribuição previdenciária pela justiça do trabalho*. São Paulo: Revista dos Tribunais, 2005.

CASTRO, Carlos Alberto Pereira de; LAZZARI, João Batista. *Manual de direito previdenciário*. 11. ed. rev. e atual. São José: Conceito, 2009.

CHIOVENDA, Giuseppe. *Instituições de direito processual civil*. Tradução de: J. Guimarães Men e Galé. São Paulo: Saraiva, 1969.

CYRINO, Sinésio. *Processo administrativo fiscal previdenciário*. Salvador: JusPodivm, 2005.

_____. *Questões de direito previdenciário* — O regulamento da Previdência em 802 perguntas e respostas. Salvador: JusPodivm, 2005.

COIMBRA, J. R. Feijó. *Direito previdenciário brasileiro.* Rio de Janeiro: Edições Trabalhistas, 1998.

CRETELA JUNIOR, José. *Curso de direito administrativo.* Rio de Janeiro: Forense, 1995.

CRUZ, Braulindo Costa da. *Manual de contabilidade.* Salvador: JusPodivm: 2009.

CUNHA JÚNIOR, Dirley da. *Controle de constitucionalidade.* Salvador: JusPodivm, 2006.

_____. *Curso de direito administrativo.* 4. ed. Salvador: JusPodivm, 2006.

_____. *Controle judicial das omissões do poder público.* São Paulo: Saraiva, 2004.

DELGADO, Mauricio Godinho. *Curso de direito do trabalho.* 3. ed. São Paulo: LTr, 2004.

DEMO, Roberto Luis Luchi. *Jurisprudência previdenciária.* São Paulo: LTr, 2003.

DENARI, Zelmo. *Curso de direito tributário.* 8. ed. São Paulo: Atlas, 2002.

DINIZ, Maria Helena. *Compêndio de introdução à ciência do direito.* 8. ed. São Paulo: Saraiva, 1995.

DI PIETRO, Maria Sylvia de Zanella. *Direito administrativo.* São Paulo: Atlas, 2001.

FARIAS, Paulo José Leite. *Manual didático de direito previdenciário.* Brasília: Exata, 1998.

FELICIANO, Guilherme Guimarães. *Execução de contribuições sociais na justiça do trabalho.* São Paulo: LTr, 2002.

FERNANDES, Annibal. *Previdência vista pelos tribunais.* Bauru: Edipro, 1995.

FERREIRA FILHO, Manoel Gonçalves. *Curso de direito constitucional.* São Paulo: Saraiva, 1999.

GONÇALES, Odonel Urbano. *Seguridade social* — anotada. São Paulo: LTr, 1997.

_____. *Manual de direito previdenciário.* São Paulo: Atlas, 1998.

GONZAGA, Paulo. *Perícia médica da previdência social.* 3. ed. São Paulo: LTr, 2004.

GRAU, Eros Roberto. *A ordem econômica na Constituição de 1988* (interpretação e crítica). São Paulo: Revista dos Tribunais, 1990.

GRINOVER, Ada Pellegrini; FERNANDES, Antônio Scarance; GOMES FILHO, Antônio Magalhães. *As nulidades do processo penal.* São Paulo: Malheiros, 1996.

HORVATH JÚNIOR, Miguel. *Direito previdenciário.* São Paulo: Quartier Latin, 2005.

HOFFMANN, Susy Gomes. *As contribuições no sistema constitucional tributário.* Campinas: Copola, 1996.

HUSSERL, Edmund. *Ideias para uma fenomenologia pura e para uma filosofia fenomenológica.* Aparecida: Ideias e Letras, 2006. Tradução de: Márcio Suzuki. Título original: *Ideen zu einer reiner Phánomenologie und phánomenologischen Philosophie.*

IBRAHIM, Fábio Zambitte. *Curso de direito previdenciário.* 15. ed. Rio de Janeiro: Impetus, 2010.

IBRAHIM, Fábio Zambitte; TAVARES, Marcelo Leonardo; VIEIRA, Marcos André Ramos. *Comentários à reforma da previdência.* Rio de Janeiro: Impetus, 2004.

KERTZMAN, Ivan; CARREIRO, Luciano Dorea Martinez. *Guia prático da previdência social.* 3. ed. Salvador: JusPodivm, 2009.

KERTZMAN, Ivan; CYRINO, Sinésio. *Salário de contribuição* — A base de cálculo previdenciária das empresas e dos segurados. Salvador: JusPodivm, 2007.

KERTZMAN, Ivan. *Curso prático de direito previdenciário*. 7. ed. Salvador: JusPodivm, 2010.

_____. *Direito previdenciário, da série para aprender direito*. 5. ed. São Paulo: Barros, Fischer e Associados, 2010. v. 12.

LEITE, Celso Barroso. *A proteção social no Brasil*. São Paulo: LTr, 1986.

LEITE, João Antônio Guilhembernard Pereira. *Estudos de direito do trabalho e direito previdenciário*. Porto Alegre: Síntese, 1979.

LIMA, Silvio Wanderley do Nascimento. *Regulação e previdência complementar fechada*. São Paulo: LTr, 2004.

MACHADO, Hugo de Brito. *Curso de direito tributário*. São Paulo: Malheiros, 1998.

MARINS, James. *Direito processual tributário brasileiro*. São Paulo: Dialética, 2001.

MARTINS, Ives Gandra da Silva (Coord.). *Curso de direito tributário*. Belém: CEJUP, 1995. v. 2.

_____. *Direito constitucional tributário*. Belém: CEJUP, 1985.

MARTINS, Sérgio Pinto. *Direito da seguridade social*. 11. ed. São Paulo: Atlas, 1999.

_____. *Execução da contribuição previdenciária na justiça do trabalho*. São Paulo: Atlas, 2001.

MARTINEZ, Luciano. *Guia prático do direito do trabalho*. Salvador: JusPodivm, 2006.

MARTINEZ, Wladimir Novaes. *A seguridade social na Constituição Federal*: de acordo com a Lei n. 8.212/91 e Lei n. 8.213/91. São Paulo: LTr, 1992.

_____. *Comentários à lei básica da previdência social. Tomo I*: Custeio da Previdência Social. 4. ed. São Paulo: LTr, 2003.

_____. *Comentários à lei básica da previdência social. Tomo II*: Benefícios da Previdência Social. 6. ed. São Paulo: LTr, 2003.

_____. *Curso de direito previdenciário: Tomo I*: Noções de direito previdenciário. São Paulo: LTr,1997.

_____. *Curso de direito previdenciário: Tomo II*: Previdência social. São Paulo: LTr, 1997.

_____. *Curso de direito previdenciário: Tomo III*: Direito previdenciário procedimental. São Paulo: LTr, 1998.

_____. *Direito adquirido na previdência social*. São Paulo: LTr, 2000.

_____. *Novas contribuições na seguridade social*. São Paulo: LTr, 1997.

_____. *Pareceres selecionados de previdência complementar*. São Paulo: LTr, 2001.

_____. *Portabilidade na previdência complementar*. São Paulo: LTr, 2004.

_____. *Princípios de direito previdenciário*. São Paulo: LTr, 1982.

_____. *Reforma da previdência dos servidores*. São Paulo: LTr, 2004.

_____ (Coord.). *Temas atuais de previdência social*. São Paulo: LTr, 1998.

MEIRELES, Hely Lopes. *Direito administrativo brasileiro*. São Paulo: Malheiros, 2000.

MELO, José Eduardo Soares de. *Contribuições sociais no sistema tributário*. São Paulo: Malheiros, 1993.

MELLO, Celso Antônio Bandeira de. *Conteúdo jurídico do princípio da igualdade*. São Paulo: Malheiros, 2000.

_____. *Curso de direito administrativo*. 11. ed. São Paulo: Malheiros, 1999.

_____. *Curso de direito administrativo*. São Paulo: Malheiros, 2001.

MENDES, Gilmar Ferreira. *Direitos fundamentais e controle de constitucionalidade:* estudos de direito constitucional. São Paulo: Celso Bastos Editor — Instituto Brasileiro de Direito Constitucional, 1999.

MODESTO, Paulo. *Reforma da previdência:* Análise e crítica da emenda constitucional n. 41/2003. Belo Horizonte: Fórum, 2004.

MONTEIRO, Meire Lúcia Gomes (Coord.). *Introdução ao direito previdenciário*. São Paulo: LTr, 1998.

MORAES, Alexandre de. *Direito constitucional*. São Paulo: Atlas, 2000.

NASCIMENTO, A. Theodoro. *Contribuições especiais*. Rio de Janeiro: Forense, 1986.

NAVARRO, Sacha Calmon. *Comentários à Constituição de 1988* — sistema tributário. São Paulo: Forense, 1995.

OLIVEIRA, Antônio Carlos de. *Direito do trabalho e previdência social* — estudos. São Paulo: LTr, 1996.

OLIVEIRA, Aristeu de. *Manual prático da previdência social*. São Paulo: Atlas, 1995.

_____. *Reforma previdenciária comentada*. São Paulo: Atlas, 2004.

ORNÉLAS, Waldeck. *Desatando o nó da previdência*. Brasília: Senado Federal, 2002.

PIEDORNÁ, Zélia Lúcia. *Contribuição para seguridade social*. São Paulo: LTr, 2003.

PINTO, Raimundo Antônio Carreiro. *Enunciados do TST comentados*. 7. ed. São Paulo: LTr, 2004.

RAMOS, Maria Cibele de Oliveira. *Os planos de benefícios das entidades de previdência privada*. São Paulo: LTr, 2005.

REALE, Miguel. *Lições preliminares do direito*. São Paulo: Saraiva, 2001.

RIBAS, Lídia Maria Lopes Rodrigues. *Processo administrativo tributário*. São Paulo: Malheiros, 2003.

SILVA, José Afonso da. *Aplicabilidade das normas constitucionais*. 7. ed. São Paulo: Malheiros, 2009.

SANDIM, Emerson Odilon. *Prática processual previdenciária*. São Paulo: LTr, 1996.

SOUZA, Leny Xavier de Brito e. *Previdência social:* normas e cálculos de benefícios. 9. ed. São Paulo: LTr, 2008.

SPAGNOL, Werther Botelho. *As contribuições sociais no direito brasileiro*. Rio de Janeiro: Forense, 2002.

TAVARES, Marcelo Leonardo. *Direito previdenciário*. 4. ed. Rio de Janeiro: Lumen Juris, 2002.

THEODORO JUNIOR, Humberto. *Curso de direito processual civil*. Rio de Janeiro: Forense, 2003. v. 3.

VIEIRA, Marco André Ramos. *Manual de direito previdenciário*. Rio de Janeiro: Impetus, 2002.